Anna Maria Kislinger

•

Murmeln in meiner Hand

Erfülltes Kinderleben durch sinnvolle Bescheidenheit

Für Sarah, David, Rahel, Alexander,
Karoline und deren Kinder,
für meine zahlreichen Nichten und Neffen
und deren Kinder
sowie für alle Kinder,
denen die Gedanken aus diesem Buch zugutekommen.

Inhalt

Vorwort

Ein Familienbuch
Noch ein Erziehungsbuch, so könnte man sich fragen, in das zuerst „hineingelesen" wird und das dann in den nächsten Jahrzehnten neben weiteren, nie mehr gelesenen Büchern im Regal verstaubt?

Das wird hier nicht der Fall sein! Denn dieses Buch ist kein Erziehungsleitfaden im herkömmlichen Sinne, sondern ein Familienbuch. Was aber ist der Unterschied zwischen einem Erziehungs- und einem Familienbuch? Ein Erziehungsbuch ist eine Ratgeberquelle, mit einem klaren Sender und einem klaren Empfänger. Ein erfahrener „Wissender" unterstützt den (noch) nicht erfahrenen „Unwissenden". Dagegen ist gar nichts einzuwenden, außer, dass die Wissenden oft selber gar keine Kinder haben, und dass die formulierten Erziehungsziele etwa alle zwanzig Jahre einem spektakulären Wendemanöver unterliegen: Das, was gestern noch als erstrebenswert galt, ist morgen – durch ganz neue Studien belegt – entwicklungsschädlich für die Kinder Die Schuld daran tragen natürlich die Eltern, vor allem die Mutter.

Ein Familienbuch kann man auch gemeinsam lesen – Eltern mit ihren Kindern und vielleicht auch mit den besten Freunden. Ein Familienbuch erzählt Geschichten, die in eine Fantasiewelt entführen, in eine Welt, die vom Erzähler vielleicht real erlebt wurde, die aber jetzt und hier, während des Lesens eigene Düfte, eigene Farben und sogar einen eigenen Rhythmus entfaltet. Und dann beginnt diese Phantasiewelt, den Leser einzuladen: Man spürt förmlich, wie sich ein Festtag anfühlt, wie das ungeduldige Warten auf der „Geburtstagsstiege" die Vorfreude nährt, die Lebenswünsche der Gratulierenden die Bedeutung des eigenen Daseins bestätigen und das Schenken die Welt für die anderen weiter werden lässt.

Es ist die Einladung der Autorin. Sie lädt ein, das Ein oder Andere aus der Welt ihres Familienbuches uns selbst zu schenken, unserer Familie und den Kindern, die wir lieben.

Es gibt Dinge, die nichts kosten und dennoch einen unbezahlbaren Wert haben. In den Geschichten dieses Familienbuches liegt genau solch ein Wert: Hier finden wir Ideen für ein Geburtstagsfest, für eine gemeinsame Mahlzeit, für die Gestaltung des Kinderzimmers, für das Spielen oder für den Alltag. In diesen Ideen steckt aber nicht nur eine freundliche Einladung zur Umsetzung, sondern auch ebenso eine spürbare *Entlastung* für Familien: Es braucht gar nicht so viel, damit man wieder Lebensqualität erlebt, damit unsere Kinder eines Tages – nach der Überwindung der Pubertät, wann immer diese auch stattfindet – gern auf Geburtstage, die Vorweihnachtszeit oder auf den ganz normalen Alltag zurückblicken.

Es braucht gar nicht so viel, damit dass Leben einer Familie als sinnerfüllt erlebt wird.

„Murmeln in meiner Hand" ist also ein Familienbuch. Nachdem man in das Werk hineingelesen hat, kann man es ruhig auf die Seite legen, es wird dennoch wirken – weil es entlastet, einlädt und Ideen schenkt. Und eines Tages haben wir wieder Lust zum Hineinlesen.

Dr. Boglarka Hadinger

Warum dieser Titel?

Weil Murmeln ein altes, einfaches und vielseitig einsetzbares Spielzeug sind. Weil Murmeln auch heute noch in vielen benachteiligten Ländern der Erde ein wichtiges Kinderspiel darstellen und die kleinen Menschen dort, trotz schwierigster Lebensbedingungen, oft glücklichere Gesichter haben als die übersättigten Kinder in den wohlhabenden Ländern unserer Regionen der Welt.

Weil ich mich erinnere, wie gerne und ausgiebig ich Murmeln sammelte, ordnete und mit ihnen selbstversunken spielte.

Weil es einfache Glaskugeln sind, in denen Farben oder ganze Universen wohnen.

Weil es schön wäre, wenn in unserer hoch technisierten unruhigen Kinderwelt auch wieder das Kleine gesehen, anerkannt und wertgeschätzt würde, welches für die gesunde Entwicklung der Kinder so wichtig ist!

Eltern, Großeltern (die zum Großteil noch die Einfachheit erleben durften) und Pädagoginnen[1] könnten wieder zurückfinden zu einem Maß, welches unsere Kinder bescheidener und sicherlich gesünder und glücklicher aufwachsen ließe. Wie sollen unsere Kinder und Kindeskinder lernen, Maß zu halten, wenn wir kein Maß vorgeben?

Wie sollen die jungen Generationen lernen, mit den Ge-

1 Immer und überall in diesem Buch sind, wenn nicht ausdrücklich anders angegeben, beide Geschlechter gemeint.

schenken dieses Lebens achtsam umzugehen, wenn sie nie gelernt haben, kleine Dinge, aber auch Begegnungen, Feste, Alltag oder Natur in ihrem Wert zu erkennen?

Die Zeit drängt. Die Spatzen pfeifen es schon längst von den Dächern, dass die Menschheit das rechte Maß verloren hat. Es wiederzufinden, beginnt in der kleinsten Zelle der Gesellschaft, in der Familie. Dazu brauchen wir Menschen, die mutig und fantasievoll sind, kritisch und verbunden mit dem Wunder im Kleinen. Erwachsene, die behutsam und doch nicht fanatisch dem Widersinn des Zuviel gegenhalten.

Ich will nicht aufhören, an diese Erwachsenen zu glauben.

Überzeugt schreibe ich die ersten Worte einer Botschaft nieder, die ich schon seit vielen Jahren in mir trage. Vielleicht ist jetzt die Zeit reif, meine Gedanken weiterzugeben, seitdem ich weiß, dass unter dem Herzen meiner Tochter ein neuer, kleiner Mensch heranwächst, sich jeden Tag mehr bereit macht, hier auf diesem Planeten anzukommen. Das Leben geht weiter, die neue Generation in meiner Familie macht sich auf den Weg. Das Rad dreht sich. Ich werde „Große-Mutter“. Ich rücke in die nächste Reihe, bereichert durch viele Erfahrungen, meist gerne gelebter Kindheit und meiner eigenen Mutterschaft.

Meine Gedanken, Erfahrungen und Überzeugungen zu formulieren, sehe ich als eine Aufgabe. Ich will mich damit nicht aufdrängen, Bücher kann man verweigern, zuklappen, aber auch lesen und verwerten, wenn man will.

Die lieblich nickende Großmutter im Schaukelstuhl will ich nicht sein. Ich will meine Gedanken anderen zumuten und weitergeben als Erfahrungen, die kostbar und wichtig sein können – für eine gesunde, glückliche Entwicklung der Menschenkinder, die nachkommen.

Groß ist die Freude über mein Enkelkind, welches das geliebte Kind seiner Eltern ist, das im Herzen Europas aufwächst. In einem Land ohne Hungersnot und Entbehrungen. Voraussichtlich wird es ihm an nichts mangeln. *An nichts mangeln* – ja, und genau hier möchte ich ansetzen mit der Frage, die lautet: Kann ein gewisser Mangel vielleicht sogar gut, förderlich, gesund, beglückend sein?

Unsere jetzige Zeit ist materiell viel üppiger als die meiner Kindheit und dennoch kommen mir die Kinder oft traurig vor. Das sage ich auch als Psychotherapeutin. Nicht selten habe ich solche Kinder und Jugendliche in meiner Praxis: übersättigt, verwöhnt und doch so leer! Sie leiden, ja, sie leiden an einem Zuviel. Zu viel auf vielen Ebenen. Zu viele Freiheiten, zu viele Angebote, zu viele Kleider, zu viele Spielsachen, zu viele Partys, zu viele Events, zu viele Reisen, zu viele Überraschungen. Zu viel Fernsehen, zu viel Taschengeld oder sogar zu viel Essen – zu viele Reize und Wahlmöglichkeiten.

Ich hörte dazu einen Terminus: die ZUVIELISATIONS-GESELLSCHAFT.[2] Diese Wortschöpfung finde ich mehr als passend!

---

2 Vgl. Prof. Bernd Guggenberger, „Zuvielisation“.

Es liegt mir fern, alles aus der guten alten Zeit zu beschönigen. Ich weiß sehr genau, vor welche Herausforderungen mich das Leben als Kind meiner Zeit stellte. Aber ich will das Gelungene hochhalten und weitergeben, weil ich erkenne, wie notwendig das für die heranwachsende Gesellschaft sein könnte.

Das Gelungene hochhalten bedeutet in diesem Fall, aus meiner Kindheit zu erzählen. Jungen Eltern damit ein Modell weiterzureichen, wie man das rechte Maß in der Kindererziehung leben kann, um damit nicht nur bescheidenere und achtsamere Menschen in die Welt zu begleiten, sondern weil man ihnen durch Verzicht auch mehr Freude, viel mehr Freude und Herzenswärme schenken kann.[3]

Mehr Freude durch Verzicht!

Ich will Murmeln verschenken, die ich selbst geschenkt bekommen habe, und wünsche mir so sehr, dass einige davon als gute, kraftgebende Erfahrungen in Kinderherzen rollen und dort glänzen können: einfach und kostbar.

Dieses Buch will Mut machen, auch die eigenen Murmeln wiederzuentdecken, um sie weitergeben zu können.

3 Dr. Joachim Bauer, „Selbststeuerung“.

I. Die weiße Murmel – Erinnerungen

Zwölf Jahre nach Ende des Zweiten Weltkrieges wurde ich geboren, als das achte von zehn Kindern. Ich wuchs in einem Vorort von Wien auf, in einem kunterbunten Haus, voll Kinderlachen und -weinen, mit Alltagswirbel und Festkultur. Im Stall ein Pferd, unter dem Tisch ein Hund. Im Garten Hühner und eine Katze.

Meine Mutter lebte ihre pädagogische Grundhaltung (sie war Volksschulpädagogin) bei uns Kindern aus und ging in dieser Aufgabe voll auf. Mein Vater war Unternehmer und primär damit beschäftigt, seine doch ziemlich große Familie zu ernähren. Sein Betrieb war nicht klein und wir hatten alles, was wir brauchten, um uns gut entwickeln zu können. Aus heutiger Sicht glaube ich sogar, meine Eltern hätten uns durchaus mit mehr Kleidern, Spielsachen und luxuriöserem Essen verwöhnen können.

Es ging damals aber nicht nur ums Geld. Es ging nicht darum, dass es uns an nichts mangeln sollte, es ging um *elterliche Weisheit*, um *umsichtige Begleitung*.

Meine Eltern verstanden es, uns Kindern viele Angebote so zu dosieren, dass die Sehnsucht, die Freude, die Wertschätzung für das Erlebte und Erhaltene immer im Vordergrund standen.

War es pädagogischer Instinkt? War es das elterliche Ziel, ihre Kinder bescheiden zu erziehen? Achteten sie bewusst darauf, dass wir uns über kleine Dinge und Angebote mit ideellem Wert freuen konnten? Haben sie es sich vorgenommen, dass wir uns manche Wünsche lange ersehnen sollten, bis sie uns endlich erfüllt wurden? Oder geschah das einfach, weil die Zeit ganz anders war, alles langsamer, bedächtiger, überlegter?

Die natürliche, liebevolle pädagogische Weisheit meiner Mutter war spürbarer Begleiter durch meine Kindheit und Jugend. Ihr war es wichtig, uns zu glücklichen Menschen zu erziehen, die auch *verzichten* können. Mein Vater war selbst sehr bescheiden und formte uns, glaube ich, unbewusst in diese Richtung. Wie auch immer. Ich erlebte meine Kindheit, was den Umgang mit ideellen und materiellen Werten betrifft, reich, ungeheuer reich.

Doch es war nie zu viel.

2 Die bunte Murmel – Das Kinderzimmer

Es war ein großer, heller Raum. An der Stirnwand zwei Betten. Die konnte man jeden Abend vergrößern, sodass dann sechs Schlafstätten zur Verfügung standen. Die älteren Geschwister hatten schon eigene Zimmer. Das jeweilige Baby war bei den Eltern.

Da ich die längste Zeit im Kinderzimmer verbrachte und nur wenige Jahre das ersehnte eigene Zimmer hatte, sind meine Erinnerungen an das Gemeinschaftszimmer noch sehr nahe. Der Platz, der abends nicht von den Betten verstellt war, bot Raum für den roten, runden Tisch. Das war der Bereich zum Aufgaben machen, Basteln und Spielen. Zwischen den Betten und dem Tisch thronte der Ofen mit der Ofenbank – dort hörte ich viele, sehr viele Geschichten und versorgte meine Puppen.

Es gab in unserem Kinderzimmer keinen Fernseher, aber ein großes, „Wunder-volles" Buchregal. Dort waren alle unsere Bücher untergebracht. Wir hatten auch jeder eigene Bücher. Aber dazu später.

Jetzt muss ich wirklich scharf nachdenken, wo von sechs Kindern all die Spielsachen untergebracht waren ... Ich erinnere mich an einen relativ kleinen, weißen Schrank, in dem auch ich eine Lade besaß. Da waren meine Schätze drinnen. Sonst gab es für uns Mädchen eine Art Puppenecke. Ein kleines Holzbettchen mit meiner geliebten Puppe

Lisa gehörte mir, die anderen Wiegen und Betten den Geschwistern.

Den Betten gegenüber stand unser Kleiderkasten. Über dem Tisch hing eine bunte Lampe.

Meistens waren mehrere Kinder im Zimmer und oft auch unsere Mutter. Das Kinderzimmer war Spiel- und Arbeitsraum. Es strahlte Geborgenheit aus und Wärme, lud ein zum Verweilen, Krach machen, Spaß haben, Geheimnisse teilen, Lesen und vor allem dazu, kreativ zu sein. Hier erlebte ich die schönsten Rollenspiele meiner Kindheit. Aus dem Kleiderkasten „bauten" wir ein Kindermodengeschäft, unter dem Tisch Behausungen aller Art, der kleine Schrank war unser Altar, wenn wir Kirche spielten. Rund um den Tisch war ein Kreisverkehr für die Spielzeugfahrzeuge, zum Nachlaufen und Zirkusspielen oder für diverse Reitturniere. Wir spielten Schule, Krankenhaus, Weihnachten, Geburtstag, Urlaub, Gasthaus, Kindergarten und noch viel mehr. Es war die spielerische Verarbeitung und Vertiefung dessen, wovon unser Leben gerade geprägt war.

In diesem gerade beschriebenen Zimmer teilten und experimentierten wir. Wir lachten, weinten, trösteten und wurden getröstet. Sicher erprobte und entwickelte der eine oder andere durch das spielerische Entdecken schon leise Gaben, die im späteren Leben als seine „Auf-Gaben" auf ihn warteten.

2.1 Der Wert des gemeinsamen Zimmers

... ist hoch, zumindest während die Kinder noch wirkliche Kinder sind, also in etwa bis zur Pubertät. Man muss weder Pädagogin noch Therapeutin sein, um die Vorteile des gemeinsamen Kinderzimmers zu erkennen!

Der Mensch ist ein Gemeinschaftswesen, das wissen wir. Martin Buber (1878-1965) formuliert klar: „Der Mensch wird am Du zum Ich."

Warum bauen wir schon für Babys eigene Zimmer, um sie dann, nur weil wir es gut meinen, in dieser „autistischen" Wohnform zu belassen, bis sie, erwachsen geworden, ausziehen?

Oft höre ich beim Anamnesegespräch nicht ohne Stolz die Eltern sagen: „Unser Kind hat ein eigenes Zimmer mit eigenem Fernseher und Computer." Was das Kind noch alles an „Eigenem" hat, will ich gar nicht wissen. Viel zu viel und viel zu früh, wie ich meine.[4]

Wie sollen Kinder bindungsfähig, gemeinschaftsfähig und später gesellschaftsfähig werden, wenn wir ihnen Einzelbehausungen zur Verfügung stellen, mit allem nur erdenklichen Komfort? Wie soll da der heranwachsende Mensch lernen, Konflikte zu lösen, zu teilen oder etwas abzuwarten?

Wie soll er lernen, sich unterzuordnen oder als älteres Geschwisterchen Verantwortung zu übernehmen? Wie sollen Kinder lernen, kreativ zu improvisieren, wenn schon alles perfekt ist? Wie sollen sie Leid und Freude mit- und anein-

4 Vgl. Manfred Spitzer, „Digitale Demenz".

ander erleben? Wie können sie Konsequenzen ihres Verhaltens, ihrer Handlungen oder ihrer Art zu kommunizieren wahrnehmen und nachvollziehen?

Der Fernseher sollte im Kinderzimmer meines Erachtens gar nicht vorkommen und der Computer und Handys sollten nur ab einem gewissen Alter und verantwortungsvoll erlaubt werden.[5]

Keine Frage, das Internet hat seine Wichtigkeit und Networking ist heute nicht mehr wegzudenken. Natürlich! Das ist auch gut so und ab einem gewissen Alter förderlich und wichtig. Stundenlang nur mehr für sich zu sein und vor Bildschirmen jeglicher Art zu sitzen, macht Kinder- und Jugendräume jedoch still und ungemütlich. Es kommt zu einer kollektiven Vereinsamung in den Familien, obwohl die Menschen unter einem Dach wohnen. Ein besorgniserregendes Phänomen unserer Zeit.[6]

Ich bin fest davon überzeugt, dass es den Kindern dienlicher ist, sie gemeinsam aufwachsen zu lassen, um sozial lernen zu können, neben den weiterführenden Möglichkeiten an Institutionen wie Kindergarten und Schule. All diese Räume sind Wirkstätten der Menschlichkeit, Wirkstätten für das spätere Mitgestalten auf unserer Welt.

Neben den schon oben erwähnten Vorzügen wird auch die Empathiefähigkeit sensibilisiert als eine der wich-

---

5 Vgl. Manfred Spitzer, „Digitale Demenz", Seite 195.

6 Vgl. Manfred Spitzer, „Digitale Demenz", Seite 11.

tigsten Voraussetzungen für das Zusammenleben der Menschen.

Der „kleine" Mensch kommt mit der Fähigkeit, auf den anderen einzugehen und dessen Reaktionen und Bedürfnisse wahrzunehmen, zur Welt. Wir müssen ihm Übungsräume zur Verfügung stellen, dass er sie zur Meisterschaft entwickeln kann! Empathie- und Friedensfähigkeit sind die Grundlage, um gut ausgerüstet in der Gesellschaft der „großen" Menschen zu bestehen. Der erste Übungsraum, die erste Schule, heißt Kinderzimmer und nicht „Kindzimmer".

Joachim Bauer, mit dessen neurobiologischen Erkenntnissen ich dieses Buch mehrmals ergänze, schreibt in seinem Buch „Prinzip Menschlichkeit" sehr nachvollziehbar, warum der Mensch seiner Natur nach ein kooperierendes Wesen ist und sein will.[7]

Meine Ausführungen wollen Einkindfamilien sicher nicht irritieren, hier gibt es andere Übungsfelder des sozialen Lernens, wie zum Beispiel die Möglichkeit, öfter Freunde einzuladen oder mit Verwandten und Bekannten in vielfältige soziale Begegnungswelten zu finden. Ich gehe hier im Besonderen auf Mehrkindfamilien ein, da ich in diesem Bereich als Kind und Mutter Erfahrung sammeln durfte.

7 Vgl. Joachim Bauer, „Prinzip Menschlichkeit".

Ein Raum – für euch

Zum Sein im Spiel,
zum Werden im Tun,
am Abend zum Ruh'n.

Zum Träumen und Lesen,
Fühlen, was gewesen,
zum Teilen, Verstecken,
in heimlichen Ecken.

Zum Raufen und Zanken,
zum Bitten und Danken,
zum Groß sein und klein,
zum Wild sein und fein.

Zum Einsam – Gemeinsam,
ein Raum – für euch,
zum Sein im Spiel,
zum Werden im Tun,
am Abend zum Ruh'n.

A. K.

3 Die rote Murmel – Das Spielzeug

Was wir bekamen und wie wir es bekamen, war enorm liebevoll erdacht, oft selbst gefertigt. An die wichtigsten Spielsachen meiner Kindheit kann ich mich noch sehr deutlich und mit warmem Herzen erinnern. Spielzeug gab es fast ausschließlich zu besonderen Anlässen wie Weihnachten, Geburtstag oder wenn wir sehr krank waren. Manchmal auch, wenn Kirtag war oder Besucher etwas brachten (das war nur sehr selten der Fall).

Ich will nun einige Spielsachen, Geschenke, die ich bekam, herausgreifen und beschreiben, damit ich daran erkennbar mache, wie tief sich die Erinnerungen eingeprägt haben. Meine Erinnerung vermag diverse Gegenstände nach so vielen Jahren wachzurufen und sehr genau zu beschreiben. Ich zeige aber auch innere Wahrnehmungen auf, wichtige Prozesse der Entwicklung, die sich gründlich und langsam vollziehen konnten.

3.1 Das Postspiel

Der Karton war gelb und rund um den großen Schriftzug „POST“ waren einige Spielformulare abgebildet, die man dann im Inneren der Verpackung vorfand. Ganz oben in der Schachtel war ein „Schalter“ aus Karton, der machte gleich klar, wo der Kunde zu stehen hatte. Das Innenleben in der Postspielschachtel war gelb. Ich sehe die Anordnung des Spielesets noch vor meinem inneren Auge. Es gab schön geordnete Formulare, einen Stempel samt Stempelkissen, einen Stift und ein kleines, rotes Telefon, welches tatsächlich klingeln konnte.

Ich stand damals als Erste unserer großen Familie an einem Christtag, ganz früh am Morgen, auf, um dieses Postspielglück für kurze Zeit nur für mich zu haben. Ich sehe mich noch als kleines Mädchen versunken spielend. Immer wieder strich ich über das kleine rote Plastiktelefon. Was für ein Wunderwerk, nur für mich! Ich erinnere mich auch an den Geruch des winzigen Stempels, wenn ich ihn in das Stempelkissen drückte, um ihn rasch wieder hochzuheben, um ja nicht zu viel von der „kostbaren" Stempeltinte zu verbrauchen.

Viele lange Spielnachmittage verbrachte ich alleine und mit meinen Geschwistern mit diesem für mich so einzigartigen Spiel. Später waren die Formulare schon mehrmals „ausgefüllt" und die kleinen Zettel mürbe, vom vielen Stempeln und Hin- und Herreichen. Mehr Lappen als Papier. Ich schnitt dann kleine Zettelchen in derselben Größe der Vorlagen zurecht und ergänzte auf diese Weise die Formulare. Mit viel Mühe malte ich die Vordrucke nach, um wieder neu ausfüllen und stempeln zu können.

Heute bin ich 59 Jahre alt. Das Spiel bekam ich, als ich sieben Jahre war, und die Erinnerung ist so nah, als hätte ich das Geschenk gestern bekommen.

Liebe Leserin, lieber Leser, wie schön wäre es, könnten Ihre Kinder sich auch später so eindrücklich und begeistert an ihre Gaben erinnern ...

3.2 Die Puppen Lisa und Hans

Sie war circa 25 Zentimeter groß, hatte braune Haare, braune Augen, trug ein einfaches blau-weißes Kleid und eine selbst gestrickte rote Jacke. Ich bekam sie als Weihnachtsgeschenk, zu Beginn meiner Volkschulzeit. Sicher erhielt ich zu diesem Fest auch einige andere schöne Geschenke, die Puppe aber war damals für mich das „Hauptgeschenk". Sie war von mir ersehnt. Ich habe sie oft in der Auslage des Spielwarenladens gesehen und mich kindlich in sie verliebt. Der Augenblick, als ich ins Weihnachtszimmer kam, ist noch wie eine innere Ikone gespeichert. Die Puppe stand funkelnagelneu auf dem Sessel – in schwarzen Lackschuhen. Ich weiß noch genau, wie ich sie hochhob und an ihr roch, sie an mich drückte, sie begrüßte, als wäre sie schon lange mein Kind gewesen. Dennoch war sie neu, unversehrt, sauber, einzigartig. Etwas Neues zu haben, nicht ererbt von anderen Geschwistern (auch das hatte seinen Reiz), war so besonders und vermittelte mir das Gefühl eines gewissen Auserwähltseins, eines Gemeintseins, Erkanntseins. Ich darf diejenige sein, die genau dieses „Neue" bekommt. Ein eigentümliches Ritual, mein Auserwähltsein zu begreifen, bestand darin, in diesem Fall die Puppe wiederholt in den ihr zugehörigen Verpackungskarton ein- und wieder auszupacken. Ich wollte mir immer wieder das Gefühl vergegenwärtigen: *Diese Puppe ist neu und für mich bestimmt.* Insofern hatte auch die Verpackung für mich große Bedeutung und ich hob sie sehr lange auf.

Den ganzen Weihnachtsabend versank ich in das Entdecken dieser Puppe. Ich baute ihr einen kleinen Platz unter dem Christbaum und konnte mein Glück kaum fassen.

Wie habe ich sie über Jahre hinweg geliebt, gekost, an- und ausgezogen, ihr Kleider geschneidert, aus Stoff und Papier. Sie war mit mir gesund und krank, lustig und traurig und natürlich auch mit auf Urlaub.

Mit „Lisa" habe ich meinen Alltag nachgespielt: Ich habe sie gebadet, eingecremt, gewickelt, gefüttert, mit ihr gesprochen, gelacht, geschimpft und für sie viele Welten aus Tüchern und Schachteln gebaut.

Ich weiß nicht mehr genau, zu welchem Anlass, aber irgendwann bekam ich Hans. Hans war blond. Er hatte sehr kurze, echte Haare und trug eine hellblaue Leinenhose. Lisa und Hans waren meine einzigen Puppen und ich werde nie vergessen, wie die beiden ausgesehen haben. Ich weiß, dass Lisa eine kleine dunkle Stelle an ihrer Plastikhand hatte und dass Hans' Nase vom vielen Spielen abgeschabt war. Deutlich erinnere ich mich heute noch an besonders intensive Spielsituationen, dass ich unglaublich viel Zeit mit diesen Puppenkindern verbrachte und sehr gut auf sie achtgab.

Ich konnte eine wirkliche „Beziehung" zu diesen kleinen Plastikwesen aufbauen, *weil ich nur diese beiden besaß.* Wenn ich sie irgendwo vergessen hatte, war ich traurig und unruhig. Sie waren für mich einzigartig, weil ich sie liebte und sie nicht durch den Besitz von vielen anderen Puppen oder Stofftieren abgewertet wurden.

3.3 Der Wert des Spielzeugs

Wie liebe ich es, Spuren des Spiels (nicht der Zerstörung) auf Kinderspielzeug zu finden!

Meistens werden Spielmaterialien rasch entsorgt, wenn sie Lebensspuren zeigen – denn alles soll nett und neu aussehen, wie im Katalog. Schade. Durch den schnellen Wechsel von Bezugsobjekten lernt das Kind nicht mehr, seine Spielsachen zu schätzen und zu lieben. Alles ist schnell ersetzbar, dabei kann der *ideelle Wert,* den das geliebte Spielzeug haben könnte, schwer oder gar nicht entstehen.

Der Blick in überfüllte Kinderzimmer stimmt mich nachdenklich. Da gibt es Berge von Stofftieren, die periodisch entsorgt und ausgewechselt werden, oft von den Kindern unbemerkt.

Die beliebige, rasche Austauschbarkeit von Spielsachen, Kleidung, später dann von Geräten im Haushalt oder Fahrzeugen lässt bei Kindern und Erwachsenen folgende Überzeugung wachsen: *Alles ist mehr oder weniger einfach ersetzbar, austauschbar.* In weiterer Folge auch der Mitmensch. „Habe ich mit meiner Freundin oder mit meinem Freund Schwierigkeiten, dann lasse ich sie oder ihn möglichst rasch stehen und suche mir eine neue, einen neuen. Ich muss das kaputte Buch nicht zu kleben versuchen, ich werfe es einfach weg! Ich flicke das zerrissene Kleid nicht, ich bekomme sowieso ein neues, noch schöneres, noch billigeres! Ich versuche nicht, den Konflikt zu lösen, es sind ja genug andere Dinge/Menschen da!“

Lassen sich Buch, Kleid und Mensch im selben Absatz erwähnen? Ich sage: Ja. Ich sehe hier einen ganz engen Zusammenhang. Es geht schließlich in jedem Fall um *Beziehung, Achtsamkeit* und – im weiteren Sinne – um *Verantwortung*. Ist es möglich, zu einem Buch eine Beziehung aufzubauen? Zu einer Puppe? Ja! Menschenkinder können auf vielfältige Weise mit Spielsachen in Kontakt treten: Beim Sprechen mit dem Teddybären, obwohl jener nicht antwortet, glaubt das Kind, ihn zu hören, seine Wünsche zu erraten, seine Antwort zu wissen. Auch hier zeigt sich deutlich die dem Menschen eigene Anlage der Empathiefähigkeit.

Was das Kind im Spiel nicht üben kann, ist später schwierig zu erlernen: Hier erschafft sich das Kind seine Lebens- und Übungswelten im Umgang mit den Mitmenschen, aber auch durch den Gebrauch seiner Spielsachen.

Gewisse Haltungen, eine Kindheit lang geübt, verdichten sich zu einer Art Lebensphilosophie: eine Haltung der Wertschätzung, des Bewahrens, der Pflege, der Hingabe, der Verantwortung oder aber die Haltung: „Alles ist ersetzbar und dadurch wertlos.“[8]

---

8 Vgl. Antoine de Saint-Exupéry: „Der kleine Prinz“, Abschnitt/Kapitel = Seite 103: der Fuchs, die Rose.

Ich seh' sie heute noch vor mir –
sie hatte Augen wie Sterne, das sag' ich dir.
Ums kleine Gesicht – ihr Haar war braun,
ein blaues Band um des Kleides Saum.

Als Kind hab' ich alles mit ihr besprochen –
hab' oft sie gekost, ihre Puppenhaut gerochen.
Sie war mit mir im Spital, zur Operation am Bauch,
1002-mal gewaschen und zugedeckt hab' ich sie auch.

Heute ist meine Lisa nicht mehr da –
und doch ist dieser Liebling mir jetzt noch nah.
So wünsch' ich den Kindern statt vielem nur wenig,
dann spielen sie mit dem wenigen selig!

Das wenige weckt des Kindes Fantasie –
macht sie wendig, erfinderisch, fad sein gibt's nie,
da ist eine Schachtel: Haus, Tisch oder Bett,
lasst sie reifen, ruhig spielen und wartet mit Internet!

A. K.

4 Die Glasklarmurmel – Das Buch

4.1 Polly hilft der Grossmutter (Astrid Lindgren)

Bücher waren in unserer Familie beliebte und wichtige Geschenke, und obwohl es viele davon gab, die miteinander geteilt wurden, bekamen wir auch immer wieder eigene – zu besonderen Anlässen, jedoch selten einfach so nebenbei.

Das „Pollybuch" war ebenfalls ein für mich sehr kostbares Weihnachtsgeschenk. Sicher bekam ich auch damals mehr als nur ein Buch, aber dieses war zu jenem Fest meine wichtigste, schönste Gabe. Astrid Lindgren hat mich an jenem Abend total verzaubert. Der Inhalt dieser Geschichte hat mit Weihnachten zu tun und meine Realität verschwamm mit der Realität der Protagonistin. Ich identifizierte mich mit ihr und wenn in dieser Geschichte Polly, als sie schlafen ging, Engel im Garten sah, dann sah ich sie auch. Deutlich sogar!

Polly ist in dieser Erzählung ein kleines, gesundes Mädchen, welches bei seiner Großmutter aufwächst. Eines Tages, kurz vor Weihnachten, stürzt ihre Großmutter. Polly erkennt, was zu tun ist, und springt ein. Sie entwickelt Fähigkeiten, die ein Kind in ihrem Alter eigentlich noch nicht hat, und wächst aus Liebe zur Großmutter über sich selbst hinaus. Polly tut das, was sie in dieser vorweihnachtlichen Zeit schafft, mit Freude und Hingabe.

Der Mensch will gut sein. Er will für jemanden oder etwas

gut sein.[9] Dem geht die Autorin in ihrer Erzählung nach, macht diese Anlage des Menschen zum Thema und zeigt liebevoll, wie stark Kinder sein können, auch in ihrer Fähigkeit, über sich selbst hinauszuwachsen. Damit meine ich, dass Polly scheinbar sogar sich selbst vergisst, im Aufgehen und Sicheinsetzen für jemand anderen.

Sie ist damit gleichzeitig ganz bei ihrer Großmutter *und* ganz bei bei sich selbst. In diesem Buch hat das Kind die Möglichkeit, über sich selbst hinauszuwachsen, und gerade das faszinierte mich. Ich verspürte diese Sehnsucht auch in mir und fühlte mich durch die Geschichte verstanden, verzaubert, bestätigt, ermutigt und inspiriert.

Das mittlerweile alte, vergilbte, von unserem damals jungen Hund angenagte Buch besitze ich heute noch. Es ist ein wichtiges Zeugnis der so klug ausgesuchten und noch klüger dosierten Geschenke meiner Kindheit. Ich habe es mehr als oft gelesen oder vorgelesen bekommen, viele Male selbst gelesen und bin in den Illustrationen buchstäblich versunken.

Die Botschaften dieses einen Kinderbuches haben damals wie heute mein Herz erreicht.

In meiner eigenen Mutterzeit wählte ich mit großer Überzeugung neben der soeben vorgestellten Autorin Bücher von Christine Nöstlinger, Janosch, Vera Ferra Mikura, Sven Nordqvist und Mira Lobe. Das sind Autorinnen und Autoren, die ich über alles schätze, die Kindern Mut machen und sie mit pädagogischem Feingefühl, Kunst, Humor und

9 Vgl. Viktor Frankl, „Der Wille zum Sinn".

Liebe dort abholen, wo sie als heranwachsende Menschen stehen. Statt ausschließlich mehr oder weniger adäquate Filme auf YouTube zu suchen, empfehle ich dringend, auch nach den vielen anderen Autorinnen und Autoren der Gegenwart im Buchladen oder Internet zu recherchieren und klug sowie kritisch auszuwählen, was Ihnen für Ihr Kind am geeignetsten erscheint.

4.2 Der Wert des Buches

Wie kann ein kleines Kind die unglaublich vielen, meist nicht kindgerechten, viel zu rasch wechselnden Bilder und Szenen im Fernsehen, Kino oder Internet verarbeiten? Ängste, Schlafstörungen, Depressionen, die uns mittlerweile auch bei jungen Kindern begegnen, sind multifaktoriell bedingt. Dennoch sehe ich in der Reizüberflutung und in der inadäquaten Auswahl von Filmangeboten einen Anteil an diesen Phänomenen. Das gebe ich als Therapeutin zu bedenken, die Kinder und Jugendliche behandelt, die diesbezüglich überfordert, irritiert und allein gelassen sind.

Es erstaunt mich, wenn ich mit Kindern Bücher betrachte oder ihnen daraus vorlese, wie sie Wiederholungen verlangen, ja einfordern: „Bitte noch einmal!“ Dann lese ich in einer Therapiestunde viele Male eine Passage oder ich blättere oft zurück, zu dem Bild, welches gerade so wichtig ist, und ich gebe Zeit, es anzuschauen, immer wieder zu bereden, zu befragen, bis das Kind satt geworden ist. Nur das Kind, das Buch und ich – kein Fernseher, keine anderen Bücher, nur diese kleine Einheit. Ich merke, wie das hyperaktive Kind allmählich hineingeht in Bilder und Texte, wie es sich beruhigt, durch das einfach gehaltene Angebot. *Durch die Reduktion ist Intensität möglich, die sich heilend auswirkt.* Gerald Hüther spricht von der Wichtigkeit liebevoller Bindung und Beziehung. Beide Faktoren werden beim stressfreien, geduldigen Vorlesen gestärkt.

Das Buch ist in vielerlei Hinsicht ein wundervoller Miterzieher: so viel wird hervorgelockt, gefördert, beruhigt über dieses Medium. Die Bilder regen die kindliche Fantasie nicht nur an, sie sensibilisieren auch für die Kunst. Die Sprache des Kindes wird differenzierter und Themen, die in der kindlichen Entwicklung gerade aktuell sind, werden durch das Buch bewegt, ergänzt und vertieft.

Beim Vorlesen kommt es immer wieder zu Fragestellungen zwischen dem Erwachsenen und dem Kind und gerade darin liegt der hohe Wert: Nähe, Vertrauen, Sicherheit und Atmosphäre. Es gibt bestenfalls auch keine Nebengeräusche, (TV, Handy usw.), sondern einen *Schonraum,* um voller Hingabe eintauchen zu können, in eine Geschichte zwischen zwei Buchdeckeln.

Sorgfältig ausgewählte Bücher helfen unseren Kindern, ihre Persönlichkeit spielerisch zu entfalten. Sie geben Antworten auf geheime sowie offene Fragen und zeigen Möglichkeiten auf, um in herausfordernden Zeiten Lösungen zu finden oder sich an Vorbildern zu orientieren.

Bin zart noch, so jung in der großen Welt.
Alle hasten, schütten mich zu mit Tand.
Warum nur dreht sich so viel um Geld?
Wer führt mich, nimmt meine kleine Hand?

Lass langsam mich wachsen, gib Liebe statt Eile.
Zeig' mir das Kleine, es ist so groß!
Brems ab, schau mich an, bleib' bei mir eine Weile.
Nimm mich mit Muße auf deinen Schoß.

Damit ich kann sinken in Geborgenheit, in Stille,
umhüllt von Wärme. DU kannst es mir geben!
Vertrauen wird groß und gesund mein Wille.
So schenkst du, was ich wirklich brauche zum Leben!

A. K.

5 Die Goldmurmel – Feste feiern

Weihnachten, Geburtstage, Ostern, Schulbeginn und Schulabschluss, Nikolausfest, Taufe, Erstkommunion, Firmung, Konfirmation – all das sind Festtage im Leben der Kinder, die in unserem Kulturkreis zelebriert und mehr oder weniger stimmungsvoll gefeiert werden.

Geschenke spielen dabei eine immer wichtigere Rolle, ja vielfach die Hauptrolle. Die wirkliche Bedeutung der Feste, der eigentliche Sinn des Feierns tritt vielfach in den Hintergrund, auch tradierte Formen des Feierns geraten in Vergessenheit.

Viele Kinder können sich durch das inflationäre Beschenktwerden nicht mehr wirklich über Gaben freuen. Sie werden oft ohne Anlass beim Einkaufengehen beschenkt oder zwischendurch, weil zum Beispiel der Freund ein Spielzeug besitzt, welches sie auch haben wollen.

Ich freue mich, dass Menschen der jüngeren Generation immer häufiger gründlich hinterfragen, was sie denn da eigentlich feiern oder eben nicht feiern wollen.

Ich möchte den jungen Eltern Mut machen, Feste bewusst und kritisch zu hinterfragen, durch eigene Ideen zu bereichern und zu gestalten und vor allem das richtige Maß zu finden, in vielerlei Hinsicht.

Kurz nach dem vergangenen Weihnachtsfest wurde ein Kind in meinem Bekanntenkreis gefragt, wie denn Weihnachten gewesen sei. Das Mädchen antwortete: „Es waren viel zu viele Geschenke auszupacken, aber da muss man durch!“ Für manchen mag das lustig klingen; ich finde es traurig und bedenklich, wenn so etwas die einzige Erinnerung an ein Fest ist, welches eigentlich ganz andere Spuren im Herzen eines Kindes hinterlassen könnte!

Als jemand, der als Kind eine wunderschöne Festkultur erlebte, als Kindergartenpädagogin und als Mutter, die es immer liebte, Feste zu gestalten, möchte ich Impulse geben, Möglichkeiten aufzeigen, wie Familien miteinander besondere Anlässe und Tage stimmungsvoll vorbereiten und erleben können. Ich beginne mit der Zeit, die emotional am stärksten besetzt ist, der Zeit vor dem Fest der großen Erwartungen:

5.1 Weihnachtszeit

Allgemeine Einführung

Weihnachten ist ein christliches, religiöses Fest. Die Christen feiern die Geburt von Jesus Christus, einem Verkünder der Liebe, der vor 2000 Jahren geboren wurde. Es ist eine Geschichte vom Stall und der Geburt und vom Einfachen: Mutter, Vater, Kind! Ein besonderes Kind – wie jedes Kind! Und alle staunen ob der Einfachheit, in der das Wunder wohnt.

Viele Menschen rund um den Erdball feiern dieses Fest als Fest des Friedens, was ich auch besonders schön finde.

Andere wieder feiern „Happy Xmas" – betrinken sich und geben viel Geld aus für Geschenke und Essen.

Ich denke, es ist gut, zu überlegen, warum man mitfeiern will und was man den Kindern in dieser Zeit vermitteln möchte. Es gibt hierfür kein Patentrezept. Jede Familie kann eigenen Traditionen oder neuen Gestaltungsideen folgen. Feste sind meistens dann innig und stimmungsvoll, wenn sie stressfrei und liebevoll miteinander vorbereitet werden. Wichtig ist, dass die Eltern einen Sinn finden in dem, was sie feiern. Dass sie selbst von den Traditionen oder der spirituellen Haltung überzeugt sind, die sie ihren Kindern mit ins Leben geben wollen. Wenn wir sinnentleert handeln, fehlt uns die Begeisterung und unser Tun ist fremdgesteuert, freud- und inhaltlos, wir brennen für nichts. Es gibt nur mehr die Reaktion auf etwas von außen Vorgegebenes. Wir alle haben einen freien Willen und dürfen wählen, wie wir unsere Feiern gestalten. Nachdem uns aber im Laufe des Lebens so viel von außen zugetragen und angeboten wird, übernehmen wir allzu oft unreflektiert Inhalte und merken erst spät, dass wir im Chor des Kollektivs mitsingen, ohne es zu wollen.

Wir sind jedoch Mitgestalter auf dieser Welt, Mitschöpfer. Besonders als Eltern, Großeltern und Pädagog(inn)en sind wir aufgefordert, kritisch und kreativ zu formen, wo vielfach nur mehr das Wirtschaftsdiktat unsere Schritte lenkt. Unsere Kinder, aber auch wir als Erwachsene, sehnen uns nach Sinn, besonders was Weihnachten anbelangt.

In dem folgenden Gedicht von Rainer Maria Rilke gefallen mir vor allem die letzten drei Zeilen, nämlich dass ein

„kapellenloser Glaube“ Wunder tut. Dieser Gedanke macht frei, *eine Spiritualität der Liebe zu leben, die sich über alle Kapellen, Kirchen, Moscheen und Tempel dieser Welt spannt.* Ausdruck dieser Liebe sollen auch unsere Feste sein, so denke ich!

Die Gedanken Rilkes und der Aufruf des 14. Dalai-Lama führen uns zur Idee einer weltumspannenden Ethik, die der Dalai-Lama in dem Buch „Der Appell des Dalai Lama an die Welt: Ethik ist wichtiger als Religion“ eindrucksvoll beschreibt.[10]

---

10 Vgl. Dalai Lama, „Der Appell des Dalai Lama an die Welt: Ethik ist wichtiger als Religion“.

Es gibt so wunderweiße Nächte

Es gibt so wunderweiße Nächte,
drin alle Dinge silbern sind.
Da schimmert mancher Stern so lind,
als ob er fromme Hirten brächte
zu einem neuen Jesuskind.

Weit wie mit dichtem Demantstaube
bestreut, erscheinen Flur und Flut,
und in die Herzen, traumgemut,
steigt ein **kapellenloser** *Glaube,*
der leise seine Wunder tut.

Rainer Maria Rilke (1875-1926)

5.2 Advent

Advent ist die Zeit des Wartens und der Vorbereitung. Advent ist die Zeit des Einander-Freude-Machens und ein wesentlicher Teil des Weihnachtsfestes. Diese Wochen können besonders mit jungen Kindern sinnvoll genutzt werden. In meiner Kindheit gab es immer den „Adventengel“, der in der Nacht zum 1. Dezember den Adventkalender brachte. Wenn wir aufwachten, klebte der Kalender am Fenster. Geschmückt mit Engelshaar (Lametta). Kein Kalender mit Schokolade oder Geschenken für jeden Tag. Ein wunderschön ausgesuchter Papierkalender mit Türchen zum Aufmachen, ohne Kitsch und Weihnachtsmann: Die alte Geschichte von Bethlehem war kunstvoll dargestellt und führte uns 24 stimmungsvolle wie lange Tage zum Fest. Es war ein Kalender für alle. Man kann sich also vorstellen, wie lange wir in unserer großen Familie warten mussten, bis wir mit dem Öffnen des Türchens an der Reihe waren, und wie groß dann die Freude war: *warten lernen – Vorfreude!*

Der Adventkranz ist in deutschsprachigen Ländern ein altes vorweihnachtliches Symbol, ursprünglich in einem Kinderheim eingeführt, um die Zeit des Wartens zu verkürzen. Damals waren es 24 Kerzen auf einem großen hölzernen Wagenrad. Der heutige Adventkranz hat nur mehr vier Kerzen, als Zeichen für die Vermehrung des Lichts, je näher wir dem Geburtsfest kommen.

Das Singen und Geschichtenerzählen um den Adventkranz ist eine alte, gemeinschaftsfördernde Tradition. In unserer allzu schnell erlebten Zeit mit Reizen, die Klein und Groß überfordern, könnte diese gemeinsame Stunde am Abend für Kinder und Erwachsene sehr beruhigend sein. Dabei kommt es nicht darauf an, ob die Adventstunde jeden Tag abgehalten wird; zwei- bis dreimal pro Woche wäre aber schön! In christlich orientierten Gemeinschaften wird auch gebetet – ein Vaterunser oder ein Gebet für verstorbene Verwandte. Die Kinder nehmen auf diese Weise wahr, dass auch verstorbene Familienmitglieder eingebunden sind, und das wiederum gibt ihnen selbst Halt und ein tiefes Gefühl von Geborgenheit.

Wer Weihnachten nicht übertrieben vorbereitet, der hat einen gemütlichen Advent, mit Muße und Zeit, um mit den Kindern Plätzchen zu backen oder Sterne zu basteln. Je einfacher das Angebot, desto schöner die Erinnerung. Wir müssen nicht stoßweise die neuesten Bastelbücher kaufen, um die auffälligere und originellere „Deko" zu haben. Der vertraute, jedes Jahr wiederkehrende Schmuck bleibt den Kindern nachhaltig in Erinnerung.

Oft komme ich vor Weihnachten in Häuser, die angefüllt sind mit vorgefertigtem Weihnachtskitsch, eher vergleichbar mit einem Jahrmarkt als mit stimmungsvollem Hausschmuck. Kein Kind wird sich da später mehr an ein Detail erinnern können. Es kommt auch nicht darauf an, wie viele verschiedene Sorten an Gebäck wir haben, sondern dass wir mit Geduld und Liebe gemeinsam etwas tun, dass der Adventzauber, der gute Duft ins Haus zieht und wir dabei vor allem schöne Stunden mit unseren Kindern verbringen.

Wenn der Advent die Zeit des Wartens ist, dann geht es nicht um das Erwarten von Geschenken unter dem Baum, sondern darum, *einander zum Geschenk zu werden:* einander Freude machen, einander überraschen, mit netten Hilfsdiensten oder kleinen Aufmerksamkeiten im Alltag. Die Kinder dazu zu ermutigen und es ihnen auch vorzuleben, steigert die allgemeine Freude auf das Fest. Das Wichteln oder Engelspielen meint genau das: Da kann der Vater Mutters Auto in der Früh vom Eis befreien oder das Kind die Schuhe heimlich auf Hochglanz bringen, ein anderes Kind geduldig den Geschirrspüler ein- oder ausräumen ...
So lernen die Kinder, füreinander Gutes zu tun, sich etwas einfallen zu lassen, Freude zu bereiten. Die Stimmung im Haus wird warmherzig. Nicht mehr und nicht weniger braucht es, um gemeinsam auf ein Fest zuzugehen.

Vorfreude auf Weihnachten

Ein Kind – von einem Schiefertafel-Schwämmchen
Umhüpft – rennt froh durch mein Gemüt.

Bald ist es Weihnacht! – Wenn der Christbaum blüht,
Dann blüht er Flämmchen.
Und Flämmchen heizen. Und die Wärme stimmt
Uns mild. – Es werden Lieder, Düfte fächeln. –

Wer nicht mehr Flämmchen hat, wem nur noch Fünkchen glimmt,
Wird dann doch gütig lächeln.

Wenn wir im Traume eines ewigen Traumes
Alle unfeindlich sind – einmal im Jahr! –
Uns alle Kinder fühlen eines Baumes.

Wie es sein soll, wie's allen einmal war

Joachim Ringelnatz (1883-1934)

5.3 Nikolausfeier

Allgemeine Einführung

Ein Fest im Advent. Am 6. Dezember wird des hl. Nikolaus von Myra gedacht. Die Geschichte erzählt von einem frommen Bischof aus der Türkei, der Arme beschenkte und in der Not half. Diese Geschichte wird in vielen Familien Mitteleuropas nachgespielt, manchmal mehr oder weniger zur Freude der Kinder: Allzu oft wird Sankt Nikolaus als Drohfigur eingesetzt und oft noch verstärkt durch seinen unseligen „Kollegen", den Krampus. Dieser soll neben dem guten Nikolaus das Böse darstellen: Er sieht aus wie ein Teufel, mit Hörnern auf dem Kopf, Tierfell am Rücken, Ketten und Rute. Vielen Kindern wird schon im Vorfeld des Festes gedroht: „Warte nur, bis der Krampus kommt!"

Er kommt auch oft, entweder mit oder ohne dem guten Nikolaus an seiner Seite – verschreckt aber so oder so Kinder.

Für Jugendliche ist es vielleicht lustig, dieses Spiel mit dem Bösen –einander zu drohen und zu schrecken. Aber im Kinderzimmer und in den Adventstuben hat dieser Geselle nichts zu suchen. Um wie viel klüger ist es, den guten Wesenskern des Nikolaus hervorzuheben, der gerne und selbstlos beschenkt!

Die Nikolausfeier kann sehr schön in eine Adventstunde am Nachmittag oder am Abend eingefügt werden.

DAS FEST

In meiner Kindheit haben wir mit unserer Mutter schon in der ersten Adventwoche einen Nikolaus aus Papier als Tischschmuck gebastelt. Manchmal stand ein ungefährlicher „Zwetschkenkrampus" neben ihm. Beim Anblick der beiden war jedem Betrachter sofort klar, wer der Mächtigere und Vertrauensvollere war: der Mann mit der Bischofsmütze und dem schönen Gewand! Meiner Mutter war es immer wichtig, dass wir an besonderen Tagen auch besonders gekleidet waren, und so trugen wir für das Nikolausfest auch immer Sonntagskleider. Wir versammelten uns um den großen Adventkranz und sangen unter anderem das bekannte Nikolauslied „Lasst uns froh und munter sein". Wir waren auch alle froh und munter, in Erwartung des Nikolaus, der dann auch kam. Er war so prächtig und detailgetreu angezogen, mit seinem Bischofsgewand, dem langen Bart, der hohen Mütze, dem goldenen Stab und dem großen weißen Sack! Mutter konnte im Vorfeld die Spannung enorm verdichten, indem sie Geschichten erzählte, uns neugierig machte und uns warten ließ. St. Nikolaus hatte ein goldenes Buch. Jedes Kind wurde aufgerufen und ich muss ehrlicherweise sagen: mit Lob, aber auch mit Tadel bedacht. Letzteres habe ich für meine Kinder nicht übernommen. Ich empfehle an dieser Stelle, den Tadel unbedingt wegzulassen. Es genügt das Lob! *Lob, im Beisein anderer Menschen, hebt so sehr den Selbstwert. Tadel, im Beisein anderer, drückt den Selbstwert, macht unsicher, traurig und beschämt.*

Dann bekamen wir das so ersehnte „Sackerl". Es war maßvoll gefüllt und den Duft, der davon ausging habe, ich ganz fest gespeichert: eine wundervolle Mischung von Jute, Lebkuchen, Mandarinen, Nüssen und Schokolade! Nachdem wir beschenkt wurden, bedankten wir uns und begleiteten Nikolaus singend zur Türe. Dann wurde noch für die Verstorbenen gebetet und schließlich von den wunderbaren Nikolausgaben gegessen. Mit großer Freude, fast andächtig, machten wir die Mandarinen auf. Waren es doch unsere ersten der Saison. Welche Freude, welcher Genuss! Heute noch, beim Schälen der ersten Mandarine im Winter, rührt mich der fruchtige Duft und bringt mich für Sekunden zurück zu den Nikolausabenden meiner Kindheit.

Ich erinnere mich noch, als ich als junge Mutter die Mandarinen erst zum Nikolausfest rausrücken wollte und wie schwer es war, zu warten – wie schwer es war, etwas rar werden zu lassen, wenn doch die Geschäfte fast das ganze Jahr alles anbieten! Oft bin ich weich geworden, wenn die Kinder sagten, die Freunde hätten längst schon welche in der Schule als Jause mit. Ich wünschte, ich hätte es öfter geschafft, um ihnen auch nur ein wenig von der Freude zu geben, die ich als Kind hatte. An dieser Stelle will ich allen Eltern zurufen: Lasst euch nicht verführen, lasst manche Dinge und Nahrungsmittel noch rar sein, ihr beschenkt eure Kinder damit auf ganz außergewöhnliche Weise. Gemeinsam als Familie gegen den Strom zu schwimmen, gibt der Familie eine Identität: „Wir machen es anders!" Das Wir-Gefühl, Solidarität, Familienkultur und Sicherheit können unter anderem auch auf diese Weise gestärkt werden.

Geschenke anderer Art gab es nie bei uns zum Nikolaustag, nur ein einziges Mal erinnere ich mich: Da bekamen wir alle Hüttenpatschen. Zehn bunte Hausschuhpaare in unserem Vorzimmer, funkelnagelneu. Es war eine absolute Ausnahme, eine große, wirkliche Überraschung für uns alle. *Warum es eine Überraschung war? Weil es eine Ausnahme war …*

Wenn Sankt Nikolaus nicht kommt, weil man keine Zeit hat oder kein Kostüm organisieren kann, ist es möglich, dass die Kinder am Vorabend des Nikolaustages besonders gründlich ihre Schuhe putzen und vor die Türe stellen. Die Eltern geben dann die Nikolausgaben in die sauber geputzten Schuhe. Am nächsten Morgen finden die Kinder die Überraschung – man darf es sich auch einfach machen.

Ruhig sein …

Ruhig sein, nicht ärgern, nicht kränken,
Ist das allerbeste Schenken;
Aber mit diesem Pfefferkuchen
Will ich es noch mal versuchen.

Theodor Fontane (1819-1898)

5.4 Weihnachtsabend

Allgemeine Einführung

Einem ruhigen, bewusst gestalteten Advent kann ein ebenso schönes, harmonisches Weihnachtsfest folgen.

Kinder lassen sich so gern überraschen, durch ein liebevoll geschmücktes Weihnachtszimmer, einen schön gedeckten Tisch, die Krippe, die besonders für Christen ein zentrales Thema an diesem Abend ist. Versuchen Sie sich nicht zu viel vorzunehmen, besonders wenn die Kinder noch sehr klein sind. Das Schönste ist das Beisammensein.

Geschenke gehören zu Weihnachten dazu, einander zu überraschen, einander Freude zu machen. Aber auch hier: *Nichts im Übermaß!* Das könnte ein überaus sinnvolles Mantra für unsere Zeit sein. Ich trage es schon viele Jahre als inneren Leitsatz mit mir. Im Griechischen heißt dieser kleine weise Satz „Meden agan“ und soll der Überlieferung zufolge über dem Portal des Tempels von Delphi geschrieben gestanden sein.

Nichts im Übermaß oder „nichts zu sehr“ könnte heißen: Jedes Kind bekommt zum Beispiel ein größeres und drei kleinere Geschenke; es könnte heißen, mir fällt heuer absolut nichts Nettes für meine Freundin ein, ich schenke ihr erst etwas, wenn ich das Passende habe, auch wenn das diesmal im Mai sein wird. Es kann heißen, dass ich statt der Geschenke eine persönliche Weihnachtsbotschaft formuliere, einen Brief als Dankschreiben oder eine persönliche Wertschätzung. Weihnachten soll ein Fest des Friedens und des Mitfühlens sein. Sicherlich keine Hetzjagd nach Dingen. „Nichts zu sehr" könnte heißen, ich erlaube mir, nur meine nahe Familie zu beschenken, oder ich stelle das (oft zwanghafte) Schenken zwischen den Erwachsenen generell ein. Die Erwachsenen können sich bei einer gemeinsamen Spendenaktion für ein gutes Projekt beteiligen und dafür das Geld nehmen, welches sie sonst für mühsam zusammengetragene Geschenke ausgegeben hätten. Ein Gedanke, der gerade in unseren Tagen, wo so viele Flüchtende Hilfe brauchen, eine sinnvolle Möglichkeit wäre.

Stellen Sie sich vor, wie viel Zeit dann übrig bliebe für Ihre Lieben, um einfach einmal innezuhalten, für gute Bücher, um Musik zu hören, für gemeinsames Singen oder um Geschichten zu erzählen und einander zuzuhören.

DAS FEST

Der Festablauf in meiner Kindheit gestaltete sich sehr kindgerecht und so außergewöhnlich stimmungsvoll, dass es mir ein absolutes Anliegen ist, ihn sehr genau zu schildern.

Der Christbaum wurde schon am Vortag von den Erwachsenen heimlich geschmückt, so gab es am 24. Dezember damit keine Unruhe mehr. Unser Christbaum stand im versperrbaren Wohnzimmer. Bei anderen baulichen Gegebenheiten könnte man sich mit Tüchern behelfen, um den Raum abzuhängen, oder den Baum am Vortag gemeinsam mit den Kindern schmücken.

Am frühen Abend versammelte sich die Familie in der Küche um den Adventkranz. Alles schien anders. Auf jedem Bild hing ein kleiner grüner Zweig. Alle waren festlich gekleidet. Erwartung, Spannung, eine einzigartige Stimmung der Feierlichkeit. Die Eltern wirkten geheimnisvoll, ernst, elegant und froh zugleich. Diese unglaubliche Vorfreude im Herzen, saßen wir um den Tisch herum und sangen noch einmal alle Weihnachtslieder. Aber irgendwie klangen sie anders, gefärbt von einem starken Wir-Gefühl. Davon, *gemeinsam etwas Schönes gestaltet zu haben,* auf das wir miteinander zugegangen waren, durch die Zeit des Advents.

Manchmal gab es auch handfeste Familien-Auseinandersetzungen im Vorfeld zur Weihnacht, wie in jeder Familie Unstimmigkeiten normal sind und herausfordern, speziell in spannungsreichen Zeiten. In großen Familien sind diese lauter, weil es mehr Krachmacher(innen) gibt. Wenn alle einträchtig singend auf die Weihnachtsglocke warteten, versiegten die Unstimmigkeiten. Ich spürte so etwas wie eine kollektive Erleichterung, es bis zum Fest geschafft zu haben, um wieder Ordnung und Versöhnung einkehren zu lassen.

Dann las unser Vater das Lukasevangelium. Wir standen alle auf. Wir standen jedes Jahr an dieser Stelle auf. Eine Tradition unserer Familie. Ein sich alljährlich wiederholendes Ritual. Ein äußeres Zeichen für die Achtung eines für unsere Eltern wichtigen Buches samt dazugehöriger Botschaft ihrer Lebensphilosophie. Unsere Eltern gaben uns durch ihre Überzeugung Halt. Sie gaben uns Führung, ein Modell der Orientierung für unser Leben. Als kleine Kinder machten wir einfach mit, hinterfragten nicht den Ritus unserer Festgestaltung oder den Inhalt des Weihnachtsevangeliums. Die Eltern gaben weiter, was für sie Bedeutung hatte. *Eine Kultur der Sicherheit, der Kontinuität im Alltag und zu Festtagen.* Ich bin überzeugt, dass durch diese Stetigkeit in mir das Vertrauen in die Welt, in das Leben wuchs.

– Nach dem Vorlesen der Weihnachtsbotschaft hielt unser Vater so etwas wie eine „Predigt“ für uns. Gedanken, die er sich als Ältester der Familie machte, um sie uns weiterzugeben. Als Kleinkind nährte mich die Atmosphäre dieses Geschehens. Die Feierlichkeit, die tiefe, leicht bebende Vaterstimme, die ungeteilte Aufmerksamkeit, die er bekam, die Sicherheit: *Er weiß, wie es geht, er weiß, was er sagt, er führt uns!* Ich erinnere mich nur mehr bruchstückhaft an die Inhalte dieser weihnachtlichen Ansprachen meines Vaters. Ich weiß aber noch mit Sicherheit, dass er uns aufforderte, uns Mut machte, für Versöhnung und Frieden in unserem Leben einzustehen!

Wenn meine Mutter, die ich als Zentrum der Familie beschreiben würde, oder ein anderes Familienmitglied diese Ansprache gehalten hätte, wäre es für mich nicht weniger beeindruckend gewesen. Für meine Mutter war es wichtig, sich an anderen Stellen zu verschiedenen Anlässen das Wort zu nehmen, und das tat sie auch.

Als ich schon zu den Jugendlichen zählte, hörte ich kritischer zu und forderte meinen Vater in diversen nachweihnachtlichen Gesprächen oft zu Diskussionen heraus.

Dennoch, trotz Auflehnung und Widerstands war mir

immer warm ums Herz, wenn er sprach. Ich fühlte mich so wichtig, so gesehen, ernst genommen, als eine von den vielen, an die er seine Gedanken in feierlich gewählten, überzeugten Worten richtete. *Ich spürte, dass er auf dieser Welt einen Vorsprung hatte, an Jahren und Erfahrung, dass er uns Sicherheit geben wollte und dass wir ihm enorm wichtig waren.* Ein alljährliches Weihnachtsgeschenk der Sonderklasse, der Meisterklasse im Vatersein.

Dann läutete irgendwann, wie durch Engelszauber, die kleine Glocke. Es formierte sich eine Prozession, klar von Mutters Feinsinn angeleitet. Ganz zu Beginn ein Kind, welches ausgesucht wurde, das Christkind (eine kleine Wachsfigur) zu tragen, dahinter die große Schar aufgeregter, feierlicher Geschwister, zuletzt die Eltern und Großeltern.

Alles funkelte, das Zimmer war bis hin zu kleinen, liebevollen, aber einfachen Details verwandelt, geschmückt – im Festtagsgewand! Der Tisch war feierlich gedeckt, das Besteck war poliert. Die Kerzenleuchter waren geschmückt mit grünen Zweigen und goldenen Maschen. Dieses Festtagsgewand kannten wir, erwarteten wir, es wiederholte sich jährlich. *Wiederholungen geben Sicherheit.*

Warten und staunen und beten und singen und an die Ahnen denken, die schon im Himmel sind. Im Anschluss daran umarmten wir einander und wünschten „Frohe Weihnachten".

Zugegeben, dieses Ritual vor dem Christbaum kostete schon die letzte noch aufzubietende Kraft, um sich nicht gleich voll Freude und Lust sein Geschenkeplätzchen zu eigen zu machen, von dem man überzeugt war, es sei das eigene! Bei so vielen Geschwistern war das gar nicht sofort klar ...

Unsere Eltern forderten das Warten, Singen und Beten vor dem Christbaum ein. Niemand stürmte los. *Alle durften das Zimmer im Festgewand erfahren, erblicken, erriechen, genießen* – auch wenn dies besonders von den Jüngeren eine Menge Geduld erforderte. Die Unberührtheit des Baumes, des gedeckten Tisches, der Geschenke, der Krippe, die flackernden Kerzen für eine Weile einatmen. *Sinnbilder der Kindheit, die als innere Schätze ein Leben lang abrufbar bleiben.*

Dann erst durften wir zu unseren Geschenken gehen. Das war ein Jubel, eine Freude, ein Orkan der Glückseligkeit! Geballtes Sich-Freuen und Sich-Mitfreuen.

Diese Empfindungen waren deshalb so stark, weil wir während des Jahres so bescheiden aufwuchsen.

Meine Mutter war Meisterin im Verwandeln alter Spielsachen. Im Advent verschwanden merkwürdigerweise manche Dinge aus unserem Zimmer. Sie renovierte, nähte und bemalte. Wenn dann diese Puppen, Bären und Kasperl so ganz anders aussahen im Glanz der Weihnachtskerzen, lag es doch nahe, davon überzeugt zu sein, es wäre ein Engel gewesen, der all das vollbracht hatte! Unsere Mutter ließ uns so lange im magischen Glauben, bis alles sich von selbst irgendwie klärte und dann doch langsam, aber sicher einer realen Freude wich, sich gegenseitig zu beschenken.

Natürlich bekamen wir auch einige neue Dinge, sorgsam ausgewählt für jedes Kind, passend zu den individuellen Wünschen.

Das Weihnachtsessen war immer kalt und relativ einfach, weil es den Eltern wichtig war, Zeit mit uns zu verbringen und unserer Freude Raum zu geben. Außerdem waren doch alle eher müde von den geheimnisvollen Vorbereitungen. So wurde ein festlicher Tisch gedeckt, mit der schönsten Tischwäsche und dem Sonntagsgeschirr. Die Schinkenrollen mit Mayonnaise-Salat waren köstlich, ebenso der Obstsalat mit dem riesen Gupf Schlagobers.

Ich erinnere mich an ein ruhiges Ausklingen unserer Weihnachtsfeste. *Müde gespielt und satt geplaudert* schliefen die Kleineren ein. Wer von den Älteren wollte, durfte in die Mette gehen. Eine Herzenswärme empfand ich an diesen Abenden ... und früh schon eine tiefe Dankbarkeit für so viel Familienglück.

Folgendes Ritual zum Weihnachtsfest ergänzte ich später mit meiner eigenen Familie:

Als unsere Kinder schon Schulkinder waren, stellten wir nach der Bescherung, wenn die Christbaumkerzen schon heruntergebrannt waren, eine große Holzplatte in unsere Mitte. Wir setzten uns auf den Boden, um diese Mitte. Das Licht wurde abgedreht. Jedes Familienmitglied erhielt ein paar Teelichter. Nun durfte, wer wollte, sein Licht anzünden, es in die Mitte stellen und zu diesem Licht etwas sagen.

Zum Beispiel: „Ich denke heute an meinen kranken Freund, der diesen Abend im Krankenhaus verbringt“ oder: „Ich zünde mein Licht an für die Menschen, die heute einsam sind“ oder: „Ich wünsche der Welt Frieden“ oder: „Ich stelle ein Licht der Dankbarkeit hin, für die Gemeinschaft unserer Familie“, „Ich wünsche mir Kraft für die Mathematikschularbeit“ ...

Dieses Ritual brachte viele Anliegen, aber auch das Benennen von Sorgen in unsere Stube. Besonders als die Kinder keine Kinder mehr waren, sondern junge Menschen, gewann unser Ritual an Dichte und Innigkeit. Es gab manchmal Tränen, aber immer Wärme und sich vermehrendes Licht, durch jede erleuchtete Kerze. *Weihnachten – Fest des Lichts.*

Wenn der wahre Weg der Hinduismus wäre, es ginge um die Liebe.
Wenn der wahre Weg der Buddhismus wäre, es ginge um die Liebe.
Wenn der wahre Weg das Judentum wäre, es ginge um die Liebe.
Wenn der wahre Weg der Islam wäre, es ginge um die Liebe.
Wenn der wahre Weg das Christentum wäre, mit der Geschichte vom Stall und vom Kind: ES GEHT UM DIE LIEBE.

A. K.

5.5 Fasching

Allgemeine Einführung

Der Fasching als ausgelassene Zeit, Zeit der Ausnahmen. Wenn man den Anfängen der Faschings- und Karnevalszeit nachgeht, dann erfährt man, dass es sich hier um ein altes Brauchtum handelt. Dieses Fest wird in diversen Kulturen der Welt auf verschiedenste Arten und Weisen gefeiert. Der kulinarische Aspekt deutet in Mitteleuropa darauf hin, noch einmal so richtig zu völlern, bevor das Fasten beginnt. Daher auch das Krapfenbacken, mit viel Fett und Ei. Ich habe in meiner Kindheit den ersten Krapfen sicher erst am Faschingsdienstag bekommen, nicht früher oder später – *alles zu seiner Zeit.*

Wie traurig, wenn man nach Kinderfesten nur zaghaft angebissene Köstlichkeit auf den Tellern findet, *weil das Besondere ja gar nicht mehr besonders sein kann* und dann einfach nur angeknabbert liegen bleibt. Wo ist der Wert des Festessens, wenn man es schon Tage und Wochen vorher bekommt? Wo bleibt das besondere Geschmackserlebnis, in einen Krapfen zu beißen, ihn zu riechen und mit Wonne die Marillenmarmelade zu schlecken? Das mag jetzt für viele Leser(innen) möglicherweise doch etwas zu übertrieben klingen – warum soll man nicht den ganzen Fasching über Faschingskrapfen essen?, fragt sich vielleicht mancher. Es geht mir hier nicht darum, eine fanatische Reduktion zu vertreten, ich denke, *das rechte Maß liegt in der Mitte, das ist die Kunst.* Wenn ich eine gute Zeit vor dem Fest bewusst keinen Krapfen kaufe, dann kann er wieder etwas Besonderes werden.

Wir können liebevoll und klar Nein sagen, wenn uns unsere Kinder schon vorher erweichen wollen, das Besondere, Saisonale, ständig haben zu müssen. Hier ist es gut, sich mit Freunden und Kinder betreuenden Institutionen auszutauschen.

Kindergartenpädagogen dürfen freundlich und entschlossen gegenhalten, indem sie mit den Eltern der ihnen anvertrauten Kinder sprechen, nachdenken und kreativ werden, wie zwischen zu strenger Enthaltsamkeit und grenzenlosem Übermaß ein guter Weg gefunden werden kann. Das gilt auch für die Zeit des Faschings!

DAS FEST

Viele Jahre lehnte ich mich als Mutter an der Art an, wie die Faschingsfeiern in meiner Kindheit und Jugendzeit vorbereitet und durchgeführt worden waren. Auch hier begegnete mir als Kind ein harmonisches Maß zwischen nicht zu wenig und nicht zu viel, ein buntes Ideengewebe, welches mich intensiv erreichte. Viele Ideen und Programmpunkte wiederholten sich jeden Fasching. *Wiederholungen formen Traditionen, geben Sicherheit und entwickeln das Gefühl der Vorfreude.*

Jedes Familienfest stand unter einem eigenen Motto und wurde mit befreundeten Familien vorbereitet und zelebriert. Einmal waren wir ein wandelndes Märchenbuch und jedes Kind eine andere Märchenfigur; ein anderes Mal waren wir Figuren aus dem Max-und-Moritz-Buch von Wilhelm Busch; einmal waren wir ein Indianerclan. Die Kostüme waren selbst gemacht, nicht schnell und lieblos gekauft. Wenn viel Zeit war, dann bis ins Detail gefertigt, wenn wenig Zeit war, improvisiert. Die Wochen vor dem „Hausball", der abwechseln im Elternhaus oder bei einer befreundeten Familie stattfand, waren schon Teil des Festes. Jeder half mit, wo er konnte. Es wurde genäht und gebastelt und gemeinsam der Festablauf besprochen. Hauptsächlich war aber unsere Mutter die Choreografin. Sie liebte solche Herausforderungen und ihre kleine rote Ziehharmonika war nicht wegzudenken. Sie spielte Märsche und wir marschierten in unseren Verkleidungen durchs Haus, Tausende von Konfettis verstreuend. Wenn gefeiert wurde, dann ordentlich! Der Zauberer zum Beispiel war ein fixer immer wiederkehrender Programmpunkt – er fehlte nie. Der Zauberer war wunderschön verkleidet und konnte „Stinkschlangen" aus kleinen Hüten zaubern und Schokokäfer aus Kinderohren. Er hatte auch ein bengalisches Feuer, welches in allen Farben leuchtete.

Es kam auch jedes Jahr die „Tante aus Amerika". Das war unsere sehr lustig verkleidete Mutter, die wir lange nicht erkannten. Für ihren Auftritt wurde ein Tuch zwischen die Türstaffeln gehängt und dann kam sie, mit verstellter Stimme und lustiger Maske, redete Unsinn, spritzte uns mit Wasser an und brachte alle herzlich zum Lachen.

Bevor sie wieder nach „Amerika“ ging, wurde „geangelt“. Jedes Jahr dasselbe Prozedere – *Vorfreude entsteht auch, wenn man schon weiß, was kommt, um sich daran umso mehr zu erfreuen!* Ein Kind nach dem anderen durfte eine improvisierte Angel über das Tuch werfen. Die „Tante aus Amerika“ tat dann so, als würde sie etwas Riesiges, Schweres anhängen und zog fest an der Angel, während sie ein kleines, bunt verpacktes Minigeschenk am Haken montierte. Es waren Pixibücher, Radiergummis, Kartenspiele, kleine Autos, Püppchen oder Seifenblasen. Wirklich kleine Geschenke, aber wir freuten uns jedes Mal so sehr darüber! Damals brachte uns im Alltag niemand „einfach so“ ein Mitbringsel. Diese kleinen Gaben waren besonders und großartig, wir tauschten und staunten und beschäftigten uns mit dem Erhaltenen. Niemand hätte seine kleine Überraschung bei der befreundeten Familie vergessen.

Wenn ich heute an diese Faschingsfeste denke, dann fällt mir auf, dass auch die Väter mitfeierten und gestalteten, gleichermaßen wie die Mütter.

Mir tat das besonders gut, denn mein Vater war viel weg und ich genoss seine Anwesenheit besonders zu außerordentlichen Anlässen. Es feierten alle zusammen. Es war kein Fest nur für uns Kinder, sondern ein lustiger Tag für die ganze Familie. Jeder brachte sich ein, sogar die alte Großmutter, die uns mit ihrem Klavierspiel unterhielt.

Wir tanzten, aßen gut, lachten, bis es Zeit war, das Fest ausklingen zu lassen. Da erforderte es das Gespür der Erwachsenen, nicht abzuwarten, bis die Kinder überfordert und überreizt waren, sondern zur rechten Zeit den Heimweg anzutreten und dadurch das Fest friedlich ausklingen zu lassen.

Auf der Rückfahrt im Auto hielten wir selig unsere kleinen Geschenke fest in der Hand, diese immer wieder aufs Neue betrachtend ...

Faschingstrubel, Kinderjubel,
bunt geschmückt, farbverzückt.
Fröhlich sein und ausgelassen,
Kummer, Sorge draußen lassen.

Als wer andrer sich verkleiden,
laut sein, tanzen nicht vermeiden.
Faschingskrapfen, Zucker schlecken,
lachend Faschingskasperl wecken.

Feiern, Kinder! Tausend Lieder –
Singen, drehen, immer wieder!
Den Galopp spielt die Trompete
und am Abend sinkt Klein-Käthe –
Konfetti im Haar: gelb, violett –
zufrieden und müde ins Träume-Bett!

A. K.

5.6 Ostern

Allgemeine Einführung

Ostern ist für die einen die Feier des Todes und der Auferstehung Jesu Christi, dessen Geburtsgeschichte zu Weihnachten zum Feiern einlädt. Für die anderen ist es ein Frühlingsfest, Aufbruch und Neubeginn, das Erwachen der Natur. Beide eint das Thema Tod und Auferstehung, Werden und Vergehen.

Jeder Mensch wird im Laufe seines Lebens mit diesen Themen konfrontiert und aufgefordert, seine persönliche Stellungnahme dazu zu finden, zu leben und an die nächste Generation weiterzugeben.

In meinem christlich orientierten Umfeld zelebrierten wir die Geschichten von Jesus. Nach der weihnachtlichen Geburtsgeschichte war es für mich als Kind sehr stimmig, die weiteren Berichte und Erzählungen über ihn zu hören.

Seine Kindheit, seine Jugend, seine Ideen waren für mich als Kind und später als Jugendliche so etwas wie ein Vorbild. Da erzählen sich die Menschen diese Geschichten von einem, dem Nächstenliebe das höchste Ziel ist, der Mensch und Gott zugleich darstellt.

Ich habe das natürlich nie lückenlos verstanden (bis heute nicht) – darum geht es auch nicht –, aber ich bekam Orientierung im Leben: *Mit Liebe könnte es gehen!* In der Jugendbewegung wurde ich dann noch dichter mit dem Thema des Glaubens konfrontiert. Ich fühlte mich davon berührt und geleitet. Auch durch die schwierige Zeit der Pubertät.

Die Fastenzeit

Die Fastenzeit, 40 Tage vor dem großen Erinnerungsfest der Auferstehung, war in meinem Zuhause wirklich eine Zeit der Reduktion. Wir wurden nicht spartanisch zur täglichen Fastenspeise angehalten. Wir wurden ermutigt, unser Verzichten selbstständig zu steuern: Unsere Mutter zeichnete eine Dornenkrone als Symbol für Leid in der Welt. Immer wenn ein Kind freiwillig auf Süßigkeiten verzichtete und diese Süßigkeit in eine silberne Dose legte (als spätere Gabe für ein Kinderheim), durfte der- oder diejenige eine kleine Blüte auf einen Dorn malen. Jeder hatte seine eigene Farbe. Ein Spiel, ein Wetteifern im „Nicht-immer-alles-haben-Müssen". Auch liebevolle Gesten, wie zum Beispiel Versöhnungen oder Mithilfe im Haushalt, konnten Dornen in Blüten verwandeln. Durch Verzicht oder eine gute Tat konnte eine Spitze, die verletzen kann, zum Blühen gebracht werden! Was für eine gute Idee, so einfach und so wirkungsvoll! Wo lernen Kinder heute, zu verzichten, bewusst Gutes zu tun, damit es in der Welt, im Kinderzimmer, im Zuhause blühen kann? Die Fastenzeit könnte hier eine Möglichkeit bieten und das Kind erlebt sich als jemand, der Leid lindern kann.[11]

---

11 Vgl. Boglarka Hadinger, „Mut zum Leben machen" (die fünf Stützen des Selbstwertgefühls).

Statt der Dornenkrone kann es auch ein Zweig sein, den man mit Seidenpapierblumen schmückt. Das wäre dann die Frühlingsfestvariante!

Am Karfreitag achtete unsere Mutter darauf, dass dieser Tag ohne Radio oder sonstiger Musik verbracht wurde. Es war ein stiller Tag, ein Tag zum Innehalten. Wie heilsam für die oft laute Kinderschar ... Meist malten wir Osterbilder oder färbten für unsere große Familie Eier. Ruhe vor dem bunten, hellen, freudigen Osterfest. *Der Kontrast.*

Dann wieder das Warten. Kein hartes Ei durfte am Freitag oder am Samstagvormittag gegessen werden. Am Karsamstag gab es in unserer Familientradition einen Ausflug, mit dem das Fasten zu Mittag mit Frankfurter, Semmerl und Himbeersaft beendet wurde. Auf dem Rückweg pflückten wir Leberblümchen für den Ostertisch. *Warten, sich darauf freuen, es ersehnen,* das gemeinsame feierliche Ostermahl. Ich verstand als Kind die Auferstehung sicher nicht, aber ich erlebte sie gewissermaßen, indem ich lernte zu warten, zu verzichten. Aus der Reduktion der Fastenzeit, mit dem Höhepunkt des Verzichts am Karfreitag, erlebte ich den Jubel der Osternacht. Und wieder: *Freude durch Verzicht.*

DAS FEST

Am Abend des Ostersamstags gingen wir in die dunkle Kirche. Stille, warten, nicht viel im Bauch, aber wache, neugierige Sinne. Irgendwann wurden alle Lichter zugleich aufgedreht und die Orgel überschlug sich förmlich in einem „Halleluja, Christus ist auferstanden". Ich höre heute noch die Stimmen der Erwachsenen. Als junges Kind verstand ich nur das, *was meine Sinne und mein Herz aufnahmen,* und das war viel Licht, Freude, Ende des Dunkels, frohe Gesichter, Weihrauch, Musik, Neubeginn, Jubel!

Ich tat einfach mit, ich erlebte mit, tauchte ein in alt tradiertes Gut, ohne es zu hinterfragen. Ich vertraute meinen Eltern, den Menschen, die miteinander fasteten und „auferstanden". *Kollektives Verzichten, kollektives Sich-Freuen.* Verehren eines Vorbildes, welches Liebe zum Zentrum seines Lebens machte. Das gab uns Kindern Halt. Es war das sorgsam genährte Urvertrauen, das jeder Mensch ins Leben mitbringt und das durch gute mystische Erfahrungen gestärkt wird. Ob diese Jesusgeschichte historisch wahr ist oder nicht, das halte ich nicht für ausschlaggebend; es ist die Geschichte, die in unserem Teil der Erde erzählt wird – sie gehört zur abendländischen Spiritualität. Hier wurde ich als Kind hineingeboren, hier wurde mir diese Geschichte erzählt und sie prägte mich. Kinder anderer Kulturkreise finden Halt in ihrer jeweiligen spirituellen Tradition.

Das Osternest zu suchen am Ostersonntag, war wieder ein Spiel der Erwachsenen mit uns Kindern. Ich denke, es machte auch unsere Eltern glücklich, die Nester zu verstecken, uns zu erfreuen, *wirklich zu erfreuen,* nachdem sie uns geduldig durch die Fastenzeit begleitet und motiviert hatten.

Die Nester waren kleine Körbchen, mit speziellen Ostersüßigkeiten. Was haben wir uns gefreut! Lange bin ich in der Wiese unseres Gartens gesessen und habe mir diese Schätze einfach nur angeschaut, sie bewundert, immer wieder neu geordnet, gezählt oder manches mit meinen Geschwistern getauscht. Man wusste genau, wie viel Fondanteier man noch hatte oder wie viel Geleehühner, auch wenn man schon etwas gegessen hatte. *Nichts war inflationär. Höchstes Gut, gehüteter Schatz.* Manchmal hatte man auch das Glück und konnte zusätzlich noch kleine bunte Zuckereier finden! Auf einem Bilderrahmen oder hinter der Brotdose vielleicht …

Es gab nie andere Ostergeschenke als dieses gut gefüllte Nest, und es war genug, weil damals auch die anderen Kinder unserer Nachbarschaft oder unsere Schulfreunde nicht mehr bekamen. Das ist heute ganz anders, ich weiß. Wer sagt jedoch, dass nicht wieder bescheidener, aber dafür inhaltsreicher und sinnvoller gefeiert werden könnte? Es wäre wichtig, darüber nachzudenken, auch was das Osterfest betrifft!

Zwei Feste, eng verwandt:
die Jesusgeschichte und
der Frühling im Land!

Mensch, wähle, welches du begehst:
Mit jedem gute Saat du säst!

Das eine die Macht der Liebe erzählt,
das andre, die Kraft der Natur erwählt.

Wenn wir beide verweben?
Komm, lass uns feiern –
mit Freude, Gesang und bunten Eiern!

A. K.

5.7 Geburtstag

Die Erinnerungen an die Geburtstagsfeste in meinem Elternhaus sind mir nicht mehr so nahe. Deshalb will ich hier Möglichkeiten beschreiben, die ich mit meinen Kindern erlebt habe.

Den Tag der Geburt feiern. Das Kind feiern, weil es auf der Erde ist, weil wir es lieben und weil es einzigartig ist – weil wir ihm vermitteln wollen: *„Wie schön, dass DU da bist!“*

Es lohnt sich, am Vortag alles sorgsam herzurichten, den Frühstückstisch, die Torte und ein kleines, liebevoll geschmücktes Geburtstagstischchen. Das erspart Unruhe am Festtag und die Eltern können sich dem meist sehr aufgeregten Geburtstagskind widmen.

Am Morgen haben wir unsere Kinder mit einem Lied geweckt. Ein fröhlicher Beginn des Tages, auf den die Kinder schon gewartet haben. Nach einer innigen Geburtstagsumarmung zog sich das Geburtstagskind sorgsam ausgewählte Kleider an: schönes Fest in schöner Kleidung. Es ist eben ein besonderer Tag.

Voll Freude setzte sich das Kind erwartungsvoll auf die oberste Stufe des Stiegenhauses, auf die sogenannte Geburtstagsstiege. Wieder einmal die so wichtige Zeit der Vorfreude. Zeit, die Spannung zu heben, so lange, bis die versammelte Familie vor dem Geburtstagstisch ein Glückwunschlied anstimmt.

Der Geschenketisch mit der Torte, ein größeres und ein paar kleinere Geschenke, schön verpackt, ein paar Bilder

der ersten Lebenswochen des Geburtstagskindes, leuchtende Kerzen, eventuell ein Blumenstrauß und die singenden Eltern (Geschwister) erwarteten stehend das strahlende, stolze Kind. Stehend deshalb, weil das eine besondere Aufmerksamkeit, ja auch Achtung zeigt, vor dem Leben, welches gefeiert wurde!

Manchem Kind war das zu aufregend, alleine ins Zimmer zu gehen, es wurde dann von Mutter, Vater oder Geschwisterl an der Hand genommen und begleitet.

Ich kann mich erinnern, dass ich manchmal am Vorabend mit meinem Mann das eine oder andere Geschenk vom Gabentisch entfernte, um es für einen anderen Anlass aufzuheben, weil es uns zu viel vorkam. Wussten wir doch, dass auch noch andere Gratulanten kommen würden, um unser Kind zu beschenken. Bevor das Geburtstagskind seine Geschenke öffnete, bekam es von jedem anwesenden Festgast einen persönlich formulierten Wunsch für das neue Lebensjahr. Die jüngeren Kinder schauten zu, so lernten sie bald, wie das gehen könnte: auf das Geburtstagskind zugehen, es anschauen und ihm etwas wünschen, einer nach dem anderen. Besonders die Eltern können an dieser Stelle ihren guten Wunsch ganz bewusst für das aktuelle Leben des Kindes formulieren. Zum Beispiel: „Liebe NN, ich wünsche dir liebe Freundinnen und Freunde, wenn du heuer in den Kindergarten kommst“ oder: „Lieber NN, ich wünsche dir im neuen Lebensjahr Leichtigkeit und Mut als Klassensprecherin“ oder: „Ich wünsche dir, dass du auch einmal über dich lachen kannst und dir die Zeit nimmst, die du brauchst!“ oder: „Bleib weiterhin so ein fröhlicher Sonnenschein in unserer Familie.“ „Alles Gute zum Geburtstag“ ist ein sehr allgemeiner Wunsch!

Erst dann wurden die Geschenke ausgepackt und das Kind bedankte sich mit Umarmung oder Busserl für das Erhaltene.

Es ist gut, wenn die Eltern beim Geschenkeauspacken dabei sind. Helfen, mitstaunen, erklären, zeigen oder alle gemeinsam damit spielen.

Das Frühstück wurde immer festlich gestaltet, mit weißem Tischtuch und kleine Blüten oder Süßigkeiten um den Teller des Jubilars. Wenn der Geburtstag auf ein Wochenende fiel, war es besonders angenehm, weil man sich ausgiebig Zeit nehmen konnte; an Kindergarten oder Schultagen haben wir dann meistens erst zu Mittag oder nachmittags gefeiert. Mein Mann versuchte an Geburtstagen immer etwas früher nach Hause zu kommen. *Diese Geste ist wichtiger als viele Geschenke. Zeit, Anwesenheit – ein schönes, kostbares Zeichen der Wertschätzung!* Stellen Sie sich vor, Ihr Kind sagt später: „Mein Vater kam an meinen Geburtstagen immer früher nach Hause, es war ihm wichtig, bei mir zu sein!“

Es hat sich nicht bewährt, zu viele Gäste einzuladen, besonders bei Kindern im Kindergartenalter und davor. Man schenkt dann als Eltern den Gästen meist mehr Aufmerksamkeit als dem Geburtstagskind. Als Faustregel kann gelten: pro Lebensjahr ein Gast!

Falls der Geburtstag des Kindes doch mit einem Großfamilientreffen verbunden wird, ist es ratsam, sich zu überlegen, wie man ein Zuviel an Geschenken vermeidet. Zum Beispiel kann ein Gemeinschaftsgeschenk eine Möglichkeit darstellen oder manche Tanten und Onkeln legen jedes Jahr einen Betrag auf ein Geburtstagssparbuch.

Der Kindergeburtstag war immer davon geprägt, füreinander Zeit zu haben, wenig Aktion, dem Geburtstagskind viel Raum zu geben, ihm zuzuhören und es an diesem Tag total zu verwöhnen: mit der Lieblingsspeise, mit Vorlesen, Singen und Spielen, einfach damit, mit ihm zusammen zu sein.

Wir versuchten, die Geburtstage ruhig ausklingen zu lassen und am Abend am Bett noch einmal dankbar zurückschauen, wie der gemeinsame Tag verlaufen war.

Später laden die Kinder oft ihre Klassenkollegen ein. Diese wissen nicht mehr, was sie mitbringen sollen, weil die meisten Jugendlichen schon so viel haben. Wenn man viele Freunde zum Feiern einladen darf, ist das schon Geschenk genug. Man könnte den Jugendlichen sagen, sie sollen nichts mitbringen, außer einer Spiel- oder Unterhaltungsidee. Da können sich auch mehrere für eine Idee zusammentun. Wenn die ganze Klasse kommt oder eine größere Gruppe, ist ein kulinarischer Beitrag fürs Buffet ein geeignetes, sinnvolles und entlastendes Mitbringsel.

Wenn nur einer damit anfängt, auf unnötige und sinnlose Aktionen zu verzichten, dann kommt vielleicht eine gute Lawine ins Rollen, die von anderen überforderten Eltern dankbar weitertradiert werden kann. *Sinnvolles entsteht durch Ihr Zutun.*

Wie schön, dass du geboren bist

Heute kann es regnen,
stürmen oder schnei'n,
denn du strahlst ja selber
wie der Sonnenschein.
Heut ist dein Geburtstag,
darum feiern wir.
Alle deine Freunde
freuen sich mit dir.

Wie schön, dass du geboren bist,
wir hätten dich sonst sehr vermisst.
Wie schön, dass wir beisammen sind.
Wir gratulieren dir, Geburtstagskind!

Uns're guten Wünsche haben ihren Grund:
Bitte bleib noch lange glücklich und gesund.
Dich so froh zu sehen, ist, was uns gefällt.
Tränen gibt es schon genug auf dieser Welt.

Wie schön, dass du geboren bist,
wir hätten dich sonst sehr vermisst.
Wie schön, dass wir beisammen sind.
Wir gratulieren dir, Geburtstagskind!

Rolf Zuckowski

5.8 Der Wert des Feierns

Bei WIKIPEDIA finde ich: „Ein **Fest** ist ein besonderer Tag, ein gesellschaftliches oder religiöses Ritual oder ein Ereignis, zu dem sich Menschen an einem Ort zu einem besonderen Zeitpunkt treffen und gesellig sind.

Das deutsche Wort „Fest" stammt vom lateinischen Begriff *festum* für das Feiern vorgesehener Zeitabschnitte und ist mit dem hebräischen *Moed*, einem fest-gesetzten Zeitpunkt für die Begegnung mit Gott, verwandt. Ein Synonym ist **Feier** (v. lat. *feriae*, urspr. *fesiae*). Beide Begriffe wurzeln in *fanum*: das Religiöse. Während des Festes ruhen meist profane Tätigkeiten. Feste und Feiern gliedern die Zeit in Zyklen und Perioden, womit die Menschen sich Zeit und Leben handhabbar zu machen suchen.

Feste wirken [...] gemeinschaftsstiftend und gemeinschaftserhaltend. Bestimmte Rituale (z. B. das Festmahl) festigen den Zusammenhalt."

In dieser Beschreibung wird deutlich, dass sowohl der Begriff des Festes als auch der Begriff der Feier ihren Ursprung im Religiösen, Spirituellen haben. Profanes ruht, Besonderes wird gemeinsam gelebt, gestaltet, ritualisiert und tradiert. Auch ein schön gestaltetes Frühlingsfest kann für Klein und Groß zu einer tiefen spirituellen Erfahrung werden.

Die spirituelle Erfahrung beim Festefeiern in der Familie ergibt sich für mich durch den friedvollen Akt des gemeinsamen Tuns sowie durch die Durchführung bestimmter Rituale, die unsere Hoffnung, die Ahnung und den Glauben stärken, dass es neben dem Profanen auch etwas anderes, etwas Nichtirdisches gibt. Feiern versetzt uns in eine Art „berauschenden Zustand": Die Sinne werden auf vielfältige Weise angesprochen und erfreut, Gesetze und Spielregeln des Alltags für einen gewissen Zeitraum lahmgelegt.

Die Begegnung unter gleichgesinnten Menschen gibt Sicherheit. Eine jüdische Bar Mitzwa, ein islamisches Neujahrsfest, ein Initiationsritus in der Südsee, all das sind kollektive Feste, die Sicherheit und Orientierung geben können. Alle Rituale, die dem Wohl des Menschen und dem Leben allgemein förderlich sind, sind Halt gebend.

Kinder sind, so wie wir alle, beGEISTerbar. Der Mensch als geistbegabtes Wesen fragt: „Woher komme ich, wohin gehe ich?" Religiöse Feste geben in unterschiedlichen Kulturen und Zeitströmungen jeweils eigene Antworten.

Womit wir Erwachsenen den Kindern Halt geben wollen, obliegt unserer Verantwortung, und es ist gut, wenn die neue Elterngeneration überlegt, sucht, hinterfragt und kritisch mitgestaltet. Auch in diesem Bereich sind wir Menschen als geistbegabte Wesen eingeladen, ja gefordert, zu wählen – wie so oft in unserem Leben. Entlastend ist es, diese Auseinandersetzung als unverzichtbaren, schönen Erziehungsauftrag und nicht als Problem zu sehen.

Der Wert des Feierns liegt also in der Sinnhaftigkeit der Inhalte, der Rarität der Ereignisse, in der gemeinsamen Vorbereitung sowie in der Fähigkeit, sich in einen berauschenden Zustand der Freude zu versetzen. Berauschende Feste sind somit auch (unter anderem) suchtvorbeugende Maßnahmen. Sucht hat auch mit Suche zu tun. Auf der Suche sein, nach „Berauschung der Sinne". Das Suchtgift ist die zerstörerische und enttäuschende Form. Das Festefeiern erwidert die „Sehn-Sucht" nach dem Außergewöhnlichen auf gute Weise.[12]

Feste verbinden den Einzelnen mit der Gruppe oder heben ihn für kurze Zeit hervor, würdigen, ehren und sehen ihn in seiner personalen Einzigartigkeit. Wie wichtig ist das für die Entwicklung unserer Selbstsicherheit und unseres Selbstwertes!

Fühlt sich der Mensch in seiner Familie, Gruppe, Gesellschaft zugehörig, erlebt er sich als Teil des größeren Ganzen. Er ist bereit, sich zu identifizieren und Verantwortung zu übernehmen.[13]

---

12 Feste zeigen die Werte der Familien und die Werte unserer Kultur auf. Werte, die den Menschen stärken, stärken die Kultur, stärken das Leben und dadurch unsere Welt.
Vgl. Gerald Koller, www.risflecting.at/studie.

13 Vgl. Tatjana Schnell, Sinnforschung, Universität Innsbruck.

Feste

Feste zeigen die Werte der Familien und die Werte unserer Kultur auf.

Werte, die den Menschen stärken, stärken die Kultur–

stärken das Leben und dadurch unsere Welt.

6 Die samtgraue Murmel – Der Alltag

6.1 Allgemeine Einführung

„Gib den Menschen einfache, sinnvolle Ideen in die Hand, wie sie den Alltag mit ihren Kindern leben können. Leben können in einer Zeit, die so unruhig ist und fordernd für alle Familienmitglieder!“ So ermutigte mich eine junge, vierfache Mutter. Ich will gerne versuchen, dem gerecht zu werden.

„Der graue Alltag“ – das klingt fast ein wenig abwertend, wenn ich es ganz schnell lese oder höre. Wende ich mich diesen Worten aber näher zu, so empfinde ich Grau als für das Auge angenehme Farbe – unaufdringlich, sogar elegant.

Der unaufdringliche Alltag, mit seinen immer wiederkehrenden Rhythmen, auch mit den routinemäßigen Wiederholungen gewisser Folgen und Abhandlungen von Gewohntem und Gekonntem, gibt allen Familienmitgliedern Halt. Da sind wir zu Hause. Das Zuhause mit seinem Gleichmaß wirkt wie die Nabe eines Rades, um die sich das herausfordernde Leben dreht. Die Nabe bildet die Mitte, zentriert und stärkt, beruhigt und gibt Sicherheit.

Der graue Alltag unterscheidet sich von bunten Festzeiten und Urlaubswochen. *Das Bunte kann nur als bunt her-*

vortreten vor dem beruhigenden Hintergrund des Grauen. Des „Samtgrauen“. Überreizte Kinder, die diesen grauen Alltag nicht mehr erleben können, werden unruhig – *nicht weil sie krank sind, sondern weil sie gesund reagieren auf ein krankes Umfeld.*

Die größte Herausforderung, so scheint mir, sind folgende Faktoren, denen mutig gegenzuhalten ist:

- das Fehlen von Zeiträumen des Innehaltens
- die sozialen Medien im maßlosen Dauereinsatz
- das Überfrachten des kindlichen und elterlichen Alltags mit Terminen
- das „Nicht-mehr-Wissen“, wie man den Alltag mit Kindern gestaltet

Leicht gesagt!, werden Sie jetzt denken. Ich weiß, wie viel Kraft es braucht, eine rhythmische, ausgleichende Alltagskultur zu leben. Wir befinden uns alle in einem enormen Sog, der uns mitnimmt und im Besonderen unsere Kinder. Die Kinder sind allem ausgesetzt, sie haben nicht die Fähigkeit, aus sich heraus bewusst gegenzulenken. Sie tun es oft intuitiv, unbewusst. Was gut ist, aber nicht genug. Sie brauchen uns Erwachsene. Wir geben Orientierungssicherheit und haben Führungsverantwortung für ein gesundes Lebenstempo. *Wir haben alles in uns, was wir brauchen, um Antwort zu geben auf die Fragen und Herausforderungen unserer Zeit.* Das war schon immer so! „Das Leben stellt die Fragen und wir sind die Antwortenden und die, die Antworten verantworten." (Viktor Emil Frankl)[14]

Ich will nun kurz darauf eingehen, welche Faktoren für die gesunde Entwicklung des Kindes, besonders im Alltag, von Bedeutung sind.[15]

Wärme

Im Mutterleib ist es die spezielle Wärme des Fruchtwassers, die das Kind braucht, um sich zu entwickeln, um zu wachsen und zu reifen. Aber auch die „Wärme" der Sprache der Mutter oder die „Wärme" der Lieder, die sie singt oder summt.

Nach der Geburt ist für das Leben ebenso, neben der physischen, auch die emotionale und atmosphärische Wärme von größter Bedeutung. Dort, wo die ganze Familie nur mehr fremdgesteuert am Handy „hängt", wo großteils Fertigprodukte gekauft und achtlos hineingeschlungen werden, keine Zeit für Gemeinsamkeiten vorhanden ist, wo das Gespräch und das Spiel versiegen, kühlt das Kind emotional aus.

14 Vgl. Viktor Emil Frankl, „Logotherapy in a nutshell", in: „Man's Search for Meaning".

15 Vgl. Georg Bartl, Wirkfaktorenmodell.

Rhythmus

Der Rhythmus im Mutterleib wird vorwiegend durch den mütterlichen Herzschlag sowie durch die Atem-, Bewegungs- und Ruhephasen an das Kind weitergegeben. Die Verlässlichkeit oder Unverlässlichkeit (Stress der Mutter, unruhiger Lebensstil) prägt das Kind.

Außerhalb des Mutterleibes setzt sich die Wichtigkeit eines gewissen Grundrhythmus für die gesunde Entwicklung des Menschen fort. Das Kind erlebt den geregelten Tag-Nacht-Rhythmus, geregelte Mahlzeiten, Alltag (!), Sonntage und Feiertage und den Rhythmus des Jahreskreises. Bestenfalls. Oder es erlebt ein kunterbuntes, strukturloses, hektisches Leben, in dem es sich nur schwer zurechtfinden und gesund entwickeln kann.

Konstanz

Im pränatalen Stadium erleben wir die oben genannten Überlebensfaktoren – Wärme und Rhythmus – in konstanter Form. Das heißt, wir dürfen uns auf Wiederholungen verlassen. Die Kontinuität und Beständigkeit, die Konstanz der lebensfördernden Bedingungen lassen den Menschen reifen!

So ist es auch nach der Geburt. Die (konstante) sich wiederholende Wärme, der Halt gebende, Sicherheit vermittelnde Rhythmus geben unseren Kindern die Möglichkeit, gesund, kräftig und mutig zu wachsen!

Dort, wo Kinder vor oder nach der Geburt diese drei Faktoren unzureichend erleben mussten, setzt die Psychotherapie unter anderem an und nährt Wärme, pflegt Rhythmus und holt Konstanz nach.

Wir Menschen sind beschenkt mit Resilienz (einer gewissen Widerstandsfähigkeit) und können das, was uns fehlt, ausgleichen. Nur wenn der Ausgleich nie erfolgt, dann strauchelt der Mensch und sucht nach Orientierung; wenngleich auch allzu oft durch für die Gesellschaft unangenehme Hilferufe: Aggression, Sucht, Depression, Gewalt ...[16]

6.2 Impulse für einen gelingenden Alltag

Ich beschreibe im folgenden Kapitel den Alltag für Eltern, die zu Hause bleiben können. Eltern, die berufsbedingt zum Beispiel das Mittagessen und den Nachmittag nicht mit ihren Kindern erleben, lade ich ein, sich das herauszulesen, was für ihre Situation anwendbar ist. Es zählt nicht die *Quantität* der gemeinsam erlebten Stunden, sondern vor allem die *Qualität*.

DER MORGEN

Der Übergang von der Nacht zum neuen Tag ist ein Bereich im Leben der Menschen, der besonderer Zuwendung bedarf.

16 Vgl. Johanna Schechner und Heidemarie Zürner: „Krisen bewältigen“.

Jeder hat da seine Eigenheiten: Einer hüpft rasch aus dem Bett, der andere wieder braucht lange Anlaufzeit. Einer ist fit, der andere will länger ungestört sein, um ganz langsam in die Gänge zu kommen. Kinder brauchen besonders viel Einfühlungsvermögen seitens der Eltern. Ein gelungener Morgen zieht meist einen gelungenen Tag nach sich – und umgekehrt: Hektik und Unmut schon zu Tagesbeginn legen sich nicht selten über den weiteren Tag.

Um den Tagesbeginn kindgerecht zu beginnen, ist es ratsam, schon am Vorabend einiges vorzubereiten. Besonders dann, wenn alle früh aus dem Haus müssen. Zum Beispiel sollten bei Schulkindern die Schultaschen fertig gepackt sein, bei jüngeren Kindern die Kleider vorbereitet sein, damit es nicht am Morgen lange Diskussionen gibt, was angezogen werden soll. Man kann auch schon den Frühstückstisch so weit wie möglich vorbereiten. In vielen Familien wird leider nicht mehr gemeinsam gefrühstückt. Jeder nimmt sich was er/ sie braucht und läuft aus der Wohnung.

Wenigstens gemeinsam etwas Warmes zu trinken, zusammen um den Tisch zu sitzen, wäre so wichtig! Noch besser wäre es, eine Kleinigkeit zum Essen anzubieten, damit die Kinder Energie haben und nicht mit leerem Magen im Kindergarten oder in der Schule sitzen. Das kann eine Scheibe Schwarzbrot sein mit Belag nach Wahl oder ein Toast oder eine Schale Müsli. Der Magen der Kinder gewöhnt sich daran, besonders wenn genug Zeit vorhanden ist.

Die gemeinsame Mahlzeit ist für mich wie ein kleines Fest. Vor dem Hinausgehen in den Tag innehalten, runterbremsen, einander zuhören, noch Wichtiges erzählen dürfen, vielleicht auch noch Ängste formulieren können und Mut mitnehmen in Kindergarten oder Schule.

Daher ist es mir bedeutend, bei jeder Mahlzeit eine Kerze anzuzünden. Zum Zeichen der Dankbarkeit, dass wir beisammen sein dürfen und genug zu essen haben. Denn nichts ist selbstverständlich, alles ist Geschenk! Das Licht der Kerze macht uns diese Feierlichkeit und Einmaligkeit im Alltag bewusst: Jetzt haben wir zu essen, jetzt sind wir um einen Tisch versammelt, jetzt dürfen wir bewusst wahrnehmen und genießen. Bewusstes Wahrnehmen des Augenblicks macht dankbar. Die Dankbarkeit führt durch das Tor der Zufriedenheit. *Zufriedene Menschen leben glücklicher.*

Mahlzeiten sollten weitgehend Handy-freie Zeiten sein, wenn möglich, für alle beim Essen Beteiligten. Viele Eltern haben schon im Esszimmer oder in der Küche einen Handy-Sammelplatz eingeführt. Das Ablegen der Handys wird rasch zur guten Tradition, besonders wenn auch die Erwachsenen konsequent sind. *Vorbildwirkung prägt, im Guten wie im Schlechten.* Kinder lernen am Modell. Der Erwachsene lebt vor.

Mit Kindergarten und Volkschulkindern kann man den Tag durchaus auch mit einem kleinen Spruch oder mit einem Lied beginnen (siehe Anhang). Wenn dazu keine Zeit ist, kann man zumindest einander die Hände reichen und einen Guten Morgen wünschen.

Während des Frühstücks kann man die Kinder noch an

Wichtiges für die Schule erinnern und in Ruhe die Jause für die Pause richten. Auch da gilt: das rechte Maß. Süßes weitgehend vermeiden, Schwarzbrot mit abwechslungsreichem Belag und Obst der Saison sind genug!

Nach so einem Morgen gehen, so weiß ich, alle ruhig und zufrieden aus dem Haus. Die Kinder werden liebevoll verabschiedet, der Tag kann gut werden. Zumindest ist es das, was Sie als Eltern schon einmal dazu beitragen können. Jeden Morgen: *Wärme, Rhythmus und Konstanz.*

DER MITTAG

Werden die Kinder von der Schule, vom Kindergarten oder vom Bus abgeholt, so soll auch dafür genug Zeit sein.

Zeit bleibt uns übrig, wenn wir Unnötiges weglassen. Um das feststellen zu können, müssen wir selbst zeitweise innehalten, um zu erkennen, ob unsere vielen Termine selbst auferlegten Stress erzeugen und welche davon *wirklich* sinnvoll und wichtig sind.

Wird das Mittagessen zu Hause eingenommen, ist es wieder ein kleines Fest. Wer zu Hause ist, der ist dazu eingeladen. Der Tisch kann schon gedeckt sein oder es decken ihn alle gemeinsam. Die Tischkultur, die wir den Kindern vorleben, wird sie prägen und ermutigen, später selbst eine achtsame Kultur des Miteinander-Essens weiterzugeben. Das Essen ist vorgekocht oder frisch zubereitet. Einfache, gesunde Mischkost genügt. Fertigmenüs für dichte Zeiten sind natürlich auch praktisch, aber nicht geeignet, um die Kinder damit täglich zu versorgen. Allein der Duft des selbst zubereiteten Essens vermittelt schon so viel Geborgenheit und ist eine sinnliche Erfahrung. Das tägliche Essen zu kochen ist eine Art der kontinuierlichen Zuwendung, an die wir Erwachsenen uns doch gerne erinnern, sofern wir es erleben, er-schmecken, er-riechen durften. Das Essen muss nicht unbedingt von den Eltern zubereitet werden, das kann auch der Koch aus der Schulküche sein oder die Köchin im Kindergarten oder die Person, die in der Familie eben dafür sorgt.

Sorgen Sie für eine gute Esskultur. Damit meine ich, wie der Tisch gedeckt ist und wie gegessen wird. Im Alltag muss der Tisch nicht übertrieben geschmückt sein, aber es macht einen Unterschied, ob Sie das Besteck schön hinlegen oder einfach in den Teller werfen. Ob Sie Papierservietten hinlegen oder ob sich jeder an seinem Handrücken (gut beim Lagerfeuer) oder an seiner Hose abwischt. Ob Sie in der Mitte des Tisches eine Kerze hinstellen oder einen kleinen Zweig hinlegen oder ob die Gegenstände vom Vortag nur zur Seite geschoben werden. Ob Ihre Kinder Tischmanieren lernen oder wie kleine wilde Tiere essen: unbeherrscht, gierig und achtlos.

Einfache Manieren (Stil, Umgangsformen) bei Tisch:

- Warten, bis alle sitzen.
- Gemeinsam beginnen. Schön ist es, wenn alle einander die Hände reichen und
- ein Gebet oder einen Spruch sprechen oder ein Lied singen (siehe Anhang).
- Während des Essens bleiben alle sitzen. Das ist schon bei Kleinkindern konsequent einzufordern.
- Spezielle, seltene Speisen teilen – nicht einen alles nehmen lassen.
- Nicht „lümmeln“ – muss nicht heißen englischer Drill, aber wenigstens die Ellenbogen nicht auf den Tisch legen.
- Mit dem Essen achtsam umgehen; das zeigt sich schon, wie Sie es austeilen. Ihr Kind fühlt sich wichtig, geachtet und geschätzt, wenn Sie ihm das Essen mit einer gewissen Achtung auf den Teller legen.
- Beim Essen füreinander sorgen. „Willst du noch etwas zu trinken?“, bevor ich mir selber nehme.
- Für die Großen: Geduld haben mit den Kleinen, sie brauchen Zeit.
- Einander zuhören bei Tisch, nicht nur von sich selbst erzählen.
- Sitzen, bis alle fertig sind, oder fragen: „Bitte, darf ich aufstehen?“
- „Danke“ sagen und den Teller zum Geschirrspüler tragen. Kleine Kinder wollen Helfer sein und große Kinder sollen sich an den Alltagsarbeiten beteiligen.

DER NACHMITTAG

Nach dem Mittagessen tut es fast allen gut, ein wenig Zeit zum Ausruhen zu haben. Nehmen Sie sich als Mutter oder Vater, falls Sie zu Hause bei Ihren Kindern sind, auch Zeit, um Kraft holen zu können, für den zweiten Teil des Tages. Kinder sind kooperativ.[17] Wenn Sie als Erwachsener klar signalisieren, dass Sie Ruhe brauchen, und sich diese Ruhe nehmen, dann schwingen die Kinder im Normalfall mit Ihnen. Wenn Ausruhen nach dem Essen üblich ist, dann wird daraus eine Angewohnheit. *Die Kontinuität, das Durchhalten macht dann aus der Angewohnheit einen heilsamen Rhythmus.*

Im Alltag ist es empfehlenswert, den Nachmittag nicht mit Terminen vollzustopfen. Viele Eltern wollen ihre Kinder bestmöglich fördern und melden sie zu Schulbeginn in zu viele Kurse und Musikstunden an. Der Terminkalender für Eltern und Kinder wird immer dichter. Die Freizeit ist keine freie Zeit mehr, und es ist dann für alle Beteiligten schwer, ein ganzes Schuljahr lang die Kurse durchzuhalten mit allem, was dort gefordert wird: Kinder hinfahren und wieder abholen, üben, Training, Vorführungen und Zertifikatsprüfungen – teilweise wie in der Schule. Achten Sie bei der Auswahl der Kurse auf die Begabungen und Wünsche der Kinder und lassen Sie sich nicht irreführen von diversen „Kursmoden“ oder eigenen Träumen.

Auch hier gilt: Seien Sie wachsam, wie viel Sie sich und

17 Vgl. Jesper Juul, „Nein aus Liebe“.

Ihren Kindern zumuten. Am Nachmittag einfach zu Hause zu sein, Zeit alleine, mit Geschwistern oder mit Freundinnen zu verbringen, ist wohltuend und gesund für Kinder, insbesondere für überfrachtete Kinder. *Einfach sein dürfen!* In vielen Familien ist es üblich, dass das „Einfach-Sein fast nur möglich ist mit dem Smartphone, an dem ständig hantiert wird. Die Kinder befinden sich dann in einer „Nebenwelt“ und sind nicht mehr wirklich dort anwesend, wo sie sich gerade befinden.

Die sozialen Medien sind Fakt. Sie sind in der Welt, so wie das elektrische Licht, die Flugzeuge und Antibiotika. Entwicklungen, die der Mensch hervorgebracht hat und die zeigen, wozu der Mensch fähig ist im Umgang mit Technik, Physik und Wissenschaft. Diese Entwicklungen können (segensreich und) sinnvoll eingesetzt werden oder aber übertrieben unachtsam und suchterzeugend. Sie können Segen sein oder Fluch für diese Welt.

Dort, wo die ganze Familie in der Freizeit fast ausschließlich soziale Medien bedient, entstehen, besonders für die Kinder, Leere und Einsamkeit. Stillende Mütter schreiben SMS und schauen, wie viele „Likes“ sie für ihre letzte Mitteilung bekommen haben.

Das Baby entwickelt sich aber über die Beziehung zu seiner Mutter, über den Blickkontakt, darüber, von ihr betrachtet und gekost und berührt zu werden während des Stillens. Stillen – da geht es um „Stille“ und darum, den Durst zu „stillen.“ Es gibt keine Stille zwischen Mutter und Kind, wenn die Mutter sich in einer lauten Nebenwelt befindet. Die Beziehung, die Interaktion zwischen der Mutter und ihrem Kind kann so nicht gelingend aufgebaut werden. Frühe Störungen im Bindungsverhalten werden manifest.

Kleinen Kindern wird bereits im Kinderwagen das Handy zum Lutschen oder Spielen gegeben oder gar, um Filme anzuschauen. Wenn die Eltern Ruhe haben wollen, setzen sie ihre Kinder zeitlich unbegrenzt vor Serien, die der Laptop preisgibt.

Autismus, jeder für sich. Kein Wir-Gefühl, kein Wir-Erleben. Ein trauriges Nebeneinander. Die Kinder erfahren nicht mehr den „samtgrauen" Alltag, der getragen ist von heilsamen Rhythmen in Form von Halt gebenden Strukturen, die den Tag gliedern in Arbeitszeiten, Genusszeiten und freie Zeiten des Miteinander. Die Kinder verflachen physisch, psychisch und geistig vor den Bildschirmen und Displays, weil ihnen diese Medien grenzenlos zur Verfügung stehen. Die Sinne verkümmern – Riechen, Sehen, Schmecken, Fühlen, Hören im Hier und Jetzt finden nur mehr sehr eingeschränkt statt, weil die Aufmerksamkeit ständig fehlgeleitet wird und – in den meisten Fällen – auf das Smartphone gerichtet ist. Smartphones, so schreibt Joachim Bauer, ziehen täglich durchschnittlich 150 Mal den Blick ihrer Besitzer auf sich.

Nach der Verflachung kommt es zur Verrohung. Der Mensch, der nicht mehr ausreichend real mit seiner Mitwelt in Beziehung steht, kann gewisse Regungen, Gefühle, Stimmungen seines Gegenübers – Mensch, Tier, Umwelt – nicht mehr ausreichend empathisch wahrnehmen. Wenn Empathie und Achtsamkeit als Lebens- und Überlebenstugenden verkümmern, dann verkümmert langsam (?), aber stetig unsere Welt – mit all ihren menschlichen, pflanzlichen und tierischen Kindern.

Ich empfehle *dringend*, diese Medien *maßvoll* einzusetzen. Die Kinder sind von den Medien genauso fasziniert wie wir Erwachsenen, aber wir haben die absolute Verantwortung, unsere Nachkommen zu lehren, wie man heilsam, verantwortlich und maßvoll damit umgeht.

Kein für Kinder Verantwortlicher würde je Nikotin oder Alkohol Minderjährigen zumuten. Ebenso bergen soziale Medien wie Smartphone, Laptop, Fernseher etc. ein hohes Suchtpotenzial. Sowohl die Vorbildwirkung als auch die behutsame Einführung und Kontrolle im Umgang mit denselben sind von immenser pädagogischer Bedeutung.[18]

Zurück zur Nachmittagsgestaltung, hier einige Impulse:

- Frische Luft, Garten, Park, Bewegung. Gesunde Hirnentwicklung braucht ausreichende Bewegung. Übergewicht bei Kindern wird zunehmend Thema (auch in Mitteleuropa).
  Den Kindern die Schönheit, die Kraft, aber auch die Zerbrechlichkeit der Natur zeigen. Kinder lernen durch uns Erwachsene unsere Erde zu lieben. *Sie leben besser und glücklicher auf einer Erde, die sie lieben gelernt haben.*
- Manche Kindergartenkinder brauchen dringend Schlaf. Für Ruhe sorgen, Fernseher abdrehen!

18 Vgl. Joachim Bauer, „Selbststeuerung".

- Schulkinder, die Zuwendung und Unterstützung bei Hausaufgaben und und Übungen brauchen, so weit wie möglich geduldig begleiten oder begleiten lassen.
- Mit den Kindern bewusst und mit ganzem Herzen Zeit verbringen. Damit meine ich nicht, dass Sie den ganzen Nachmittag spielen sollen, sondern dass Sie mit ihnen über eine gewisse Zeit (bewusst) in Beziehung treten. *Sich einlassen,* auf gleicher Augenhöhe. Das kann zum Beispiel heißen, sich auf den Teppich setzen, sich mit dem beschäftigen, was für das Kind gerade spannend und wichtig ist: Türme bauen, Rollenspiele, ordnen, plantschen, Brettspiele, Puzzles oder Rollenspiele in Schwung bringen (Einkaufsladen, Krankenhaus, Puppenspiel, Feuerwehr ...). Mit „in Schwung bringen" meine ich, es mit den Kindern anspielen, ihnen Lust darauf machen, es mit ihnen beginnen.

  Spiel ist kein Zeitvertreib, sondern für das Kind wie Arbeit. Es konzentriert sich, lernt ständig Neues oder wiederholt, um neu Gelerntes spielerisch im Gehirn zu festigen. Spielen macht müde, daher brauchen Kinder auch geordnete Schlafrhythmen.
- Auch Jugendliche nicht den ganzen Tag mit sich allein lassen, mit ihnen, nach dem Lernen für die Schule, gemeinsam auszuübende Alternativen zum Handy finden. Einfordern, dass das Handy für gewisse Zeit stumm geschaltet und weggelegt wird. Dafür klare Regeln vorgeben und konsequent bleiben. *An der Klarheit der Erwach-*

senen orientiert sich der junge Mensch und entwickelt dadurch auch für sich Klarheit, Sicherheit und Kontur.
Freundinnen besuchen oder einladen, kreativ sein mit Materialien, die gemeinsam ausgesucht werden, Erlernen eines Instruments, Anschluss an Jugendgruppen (Sport, Pfadfinderinnen, Jungschar, Kunstateliers etc.). Aber auch das Mithelfen im Haushalt und die Unterstützung von Geschwistern soll eingefordert werden. Muten Sie Kindern und Jugendlichen ruhig etwas zu. Wer die Möglichkeit hat, Verantwortung zu übernehmen, der lernt auch, Verantwortung zu tragen. [19]

- Mit Kindern kreativ sein. Basteln, malen, töpfern, kleine Geschenke und Überraschungen anfertigen. Das heißt nicht, dass die Kinder wundervolle Kunstwerke mithilfe von unzähligen Bastelbüchern und Material schaffen und einander übertrumpfen müssen – ganz simpel aus einfachen Dingen etwas machen. Lassen Sie sich von den Kindern inspirieren, sie bringen meist die Ideen mit. Wie beim Spiel ist es auch hier genug, das kreative Tun einfach nur einzuleiten, um dann die Kinder alleine fortsetzen zu lassen.
- Dem Kreis der Jahreszeiten folgen mit kleinen Gestaltungen und Vorbereitungen.
- Wenig Zeit in Supermärkten und Einkaufszentren verbringen.
- Ab und zu jemanden einladen oder besuchen. Das Haus muss nicht tipptopp aufgeräumt sein, wenn Be-

19 Vgl. Boglarka Hadinger, „Mut zum Leben machen".

such kommt, denn wo gehobelt wird, sind Späne! Sie müssen auch nicht eine aufwendige Speise servieren. Bleiben Sie einfach, denn es kommt auf die guten Begegnungen an, nicht auf die Perfektion als Gastgeber.

- Bilderbücher vorlesen und Schulkinder zum Selberlesen ermutigen. Das gelingt, indem man einen Teil vorliest und bei der spannenden Stelle aufhört: Das Kind ist neugierig und nimmt das Buch selbst in die Hand.
- Spiele nicht nur kaufen, sondern auch gemeinsam spielen.
- Schenken Sie Ihren Kindern auch die Erfahrung der *Langeweile*. Was für ein Wort: Die lange Weile! Freiräume lassen, es aushalten, wenn Kinder darüber klagen. Darin wohnt das Geheimnis der Fantasie und der Kreativität, der schöpferischen Schwungkraft, aber auch der Möglichkeit, das Leise wieder wahrzunehmen.
  Sie müssen nicht ständig und nahtlos Ihren Kindern etwas anbieten. Muten Sie ihnen zu, Kreator(inn)en ihres Lebens zu sein.
- Zur rechten Zeit gemeinsam das Kinderzimmer aufräumen, jedoch die Kinder ruhig ausspielen lassen und rechtzeitig auf ein Ende der Spielzeit hinweisen. Zum Beispiel: „Wenn die Glocke läutet, räumen wir die Spielsachen ein, ein bisschen habt ihr noch Zeit" oder: „In einer Viertelstunde räumen wir auf."
  Nichts Neues oder Aufwühlendes mehr beginnen und für einen gelingenden Abend sorgen.

DER ABEND

Der Tag neigt sich dem Ende zu. Er war meist lange für alle, besonders für die Kleinkinder und Schüler(innen). Aber auch für Eltern und Miterzieher.

Das gemeinsame Abendessen wird hergerichtet. Achten Sie auf leichte Speisen. Den Magen nicht mit schwer verdaulichem Essen belasten, das lässt alle schlecht und unruhig schlafen. Wenn irgendwie möglich, ist es so einzurichten, dass auch der auswärts arbeitende Teil der Familie (Vater oder Mutter) beim Abendessen mit der Familie dabei sein kann. Der gemeinsame Ausklang des Tages ist eine gute Möglichkeit, zu den Kindern, die man vielleicht den ganzen Tag nicht gesehen hat, Kontakt zu halten und mit ihnen in Beziehung zu treten – die Kinder zu erleben, nicht nur schlafend.

Der Abend ist insbesondere mit Säuglingen, Kindergartenkindern und Schulkindern eine sehr anspruchsvolle Zeit des Tages. Alle sind müde und es kostet viel Kraft, wenn man diesen Tagesabschnitt alleine meistern und durchtragen muss. Ein Alleinerzieher/eine Alleinerzieherin oder eine Mehrfachmutter leistet Schwerarbeit, vergleichbar mit einem Straßenarbeiter im Hochsommer. (Das hörte ich vor Jahren bei einem Vortrag, ich bin überzeugt, es stimmt!) An dieser Stelle: eine große, aufrichtige Verneigung vor allen Alleinerziehern und Alleinerzieherinnen. Sie sind Helden bzw. Heldinnen!

ABENDGESTALTUNG – IMPULSE

- Fernsehstopp nach dem Abendessen, besonders für Vor- und Volkschulkinder. Keine Nachrichten vor den jüngeren Kindern ansehen. Bilder wirken auf uns Menschen radikal. Auf Kinder noch viel ungeschützter. Sie nehmen die Bilder, die sie noch nicht einordnen können, mit in die Nacht. Meist sind es keine guten Bilder.[20]
- Statt Laptop oder Fernsehen eine geeignete (nicht mehr zu aufwühlende) Gutenachtgeschichte vorlesen oder vom älteren Geschwisterchen vorlesen lassen.
- Der Alltagsroutine wie Zähne putzen, duschen oder baden, Kleider für den nächsten Tag richten, Schultasche einräumen etc. genug Raum und Geduld geben.
- Am Abend öffnet sich die Kinderseele. Nehmen Sie sich die Zeit, sich noch einmal an das Bett Ihres Kindes zu setzen. Sie können sich für Schönes des Tages bedanken (eventuell ein Gebet sprechen) und sich Schwieriges und Trauriges noch einmal erzählen lassen, um Lösungen zu finden oder Trost zuzusprechen, damit sich die Seele des Kindes beruhigen kann. Unruhige, traurige Kinder noch einmal fest in die Arme nehmen oder streicheln oder am Rücken massieren. Berührung der Haut entlastet und streichelt auch die Seele. Auf diese Weise stärken Sie das Urvertrauen, welches im weiteren Leben Ihrer Kinder für den Umgang mit he-

20 Gerald Hüther, „Die Macht der inneren Bilder".

rausfordernden Situationen von großer Bedeutung ist. Als Therapeutin will ich Ihnen nachdrücklich ans Herz legen, Ihr Kind niemals unversöhnt, gescholten und im Streit einschlafen zu lassen. Suchen Sie Versöhnung und besprechen Sie eine altersentsprechende Wiedergutmachung. *Liebesentzug darf nie eine Strafe sein.* Die elterliche Liebe ist unverrückbar.
Der Tag rundet sich ab. Ihr Kind fällt in Ruhe und Geborgenheit in den Schlaf, verarbeitet im Traum Erlebtes und holt sich Kraft für einen neuen Tag auf seiner Reise durch sein Leben.
Licht abdrehen, eventuell ein Nachtlicht brennen lassen oder die Tür einen Spaltbreit offen lassen.

- Auch bei Jugendlichen öffnet sich die Seele. Das Gespräch suchen, sich für ihre Welt interessieren, ihnen wirklich zuhören, für schwierige und kränkende Situationen gemeinsam Lösungen finden. Die jungen Menschen auch immer wieder abends in die Welt der Erwachsenen einladen, gemeinsam spielen oder Filme anschauen, plaudern, einander vorlesen. Das ist auch (bei geeigneter Literaturauswahl) für Erwachsene schön. Auf diese Weise sind die jungen Menschen abends nicht nur mit ihrem Smartphone „gemeinsam – einsam“ in ihrem Zimmer.

WOCHENENDE

Das Wochenende ist ein Teil des Alltags. Da viele Eltern während der Woche ganz oder teilweise berufstätig sind, glauben sie, das Wochenende besonders herausragend gestalten zu müssen. Da spielt auch in vielen Fällen ein schlechtes Gewissen den Kindern gegenüber eine nicht zu unterschätzende Rolle! „Wenn wir schon so viel weg sind, dann soll das Wochenende aufwiegen, was an gemeinsamer Zeit und Aktion während der Woche nicht möglich war!"

Die Freizeitangebote sind vielfältig. So wird dann fortgefahren: in die Therme, in den Prater, in den Zoo, in den Kletterpark, zum Kartoffel-, Kürbis-, Mittelalter-, Martinifest, zu gleich mehreren Adventmärkten, zum Straßenspielefest, zum Halloweenfest, zum Nikolausfest am Stadtplatz, zum Ostereiersuchen im Schlosspark, in den Zirkus, zum Kirtag, zu Events, zum Fußballmatch, zum Kinderwettlauf, zu Shows und Kinonachmittagen ... Schöne Angebote, keine Frage!

Wenn die Wochenenden aber dicht überladen sind und fast keine Zeit mehr bleibt, um gemeinsam als Familie auszuruhen oder vielleicht einmal „nur" wandern zu gehen, den Garten zu gestalten, oder mitsammen zu spielen[21] oder bis zu Mittag im Pyjama zu bleiben, dann fehlt gerade das! Familien brauchen an den Wochenenden auch mal wirklich nur Pause. Mitsammensein. Der Familiensinn, das Gemeinschaftsgefühl und das Vertrauen wachsen. Wenn ab und zu

21 Vgl. Donaldson O. Fred, „Von Herzen spielen".

ein Wochenende mit Programm gestaltet wird, dann kann es auch als Besonderheit erlebt und erinnert werden. An ruhigeren Wochenenden aber können alle Familienmitglieder Kraft sammeln und ausschlafen für eine neue anspruchsvolle Woche des Lernens und Wachsens.

Die samtgraue Murmel gesellt sich nun zu den anderen. Ihr Alltag möge Sie und Ihre Kinder zufrieden machen. Alles ist Leben – das Bunte, das Berauschende, die Stille, der samtgraue Alltag.

Wärme, Rhythmus und Konstanz lassen Kinder wachsen, auf allen Ebenen ihres Seins.

Erwachsener – hier im Lebensreigen –
sollst mutig dem neuen Leben zeigen:

ein gutes Tempo im Alltagsschritt,
sonst kommt der kleine Mensch nicht mit.
Verträgt wenig Eile –
braucht lange Weile!

Das ZARTE geschickt von dort zu Dir –
was soll es hier?
Möcht' sich entfalten, erblüh'n, besteh'n,
voll Freude den Sinn seines Lebens seh'n!

Braucht dazu die Wärme des Herzens von Dir,
den Rhythmus, der Kraft gibt, im Trubel hier,
die Kontinuität der Weisen, der Alten,
dann kann sich's gut halten, sein Leben gestalten.

Das Wunder, das STARKE hier,
das jemand schickte von dort zu Dir.

A. K.

Abschiedsgedanken

Jetzt sind die für mich wichtigsten Murmeln gesammelt und geordnet.

Während ich schrieb, erkannte ich, wie schwer es ist, das Buch einfach zu halten, nicht zu überladen, und doch die für mich wichtige Botschaft zu transportieren.

Oft las ich den Text und immer überlegte ich, wie ich verdichten und reduzieren kann. So viel wäre möglich gewesen!

Was nehme ich aus der Fülle meiner Erfahrungen, meiner Gedanken, meiner Fantasie? Wer sagt, was gut, was richtig und was sinnvoll ist? Auch hier war ich aufgerufen zu wählen.

Wie so oft in meinem Leben – in unser aller Leben – ist das Weglassen von Zuviel ein bewusster, notwendiger Akt, der ein heilsames, zufriedenes Leben und Erleben ermöglicht.

Ich würde mir so sehr wünschen, dass die eine oder andere Murmel in den Herzen der Eltern, Großeltern, Tanten, Onkel und Pädagogen landen kann!

Weben wir doch gemeinsam ein Netzwerk der Bescheidenheit, die wieder Wesentliches zulässt in unseren eigenen Herzen und in den Herzen der uns anvertrauten Kinder.

Solche Menschen braucht unsere Welt.

Anhang

SPRÜCHE UND ANDERES

Morgensprüche:

Ein neuer Tag – die Sonne scheint
Wir halten uns ganz fest vereint
Wir wünschen einander Freude heut'
Und dass wir sehen des anderen Leid!
Guten Morgen!

A. K.

Guten Morgen, Leute!
Gut geschlafen heute?
Die Vögel singen laut und schön
Die Katz will schon spazieren geh'n
Die Sonne wartet schon auf dich
Und auch auf mich!
Guten Morgen!

A. K.

Tischsprüche:

Erde, die uns dies gebracht,
Sonne, die es reif gemacht:
Liebe Sonne, liebe Erde,
Euer nie vergessen werde!

Christian Morgenstern

Alle guten Gaben,
alles, was wir haben,
kommt, oh Gott, von Dir,
wir danken Dir dafür!

(Sie können Gott auch mit „Natur“ ersetzen.)

unbekannt

Wir reichen uns die Hände
nach guter alter Sitt’
und wünschen uns zum Essen
recht guten Appetit!

unbekannt

Eine andere schöne Möglichkeit, das Essen zu beginnen: Alle reichen einander die Hände und schließen ihre Augen. Nun gibt diejenige/derjenige, die bzw. der das Essen bereitet hat, über die Hände eine kleine Geste weiter (das Handinnere streicheln, drei Tapser draufgeben, hineinblasen, ein Busserl auf die Hand drücken ...). Wie die Stille Post geht diese kleine Geste weiter, bis sie wieder beim Koch oder der Köchin angekommen ist. Diese/r sagt: „Guten Appetit!" oder „Gesegnete Mahlzeit!" Alle öffnen die Augen und fangen zu essen an. Auf diese Weise wird die Gruppe um den Tisch auf spielerische Weise entschleunigt. Ruhe kehrt ein.

Noch eine Möglichkeit: Hände reichen und Augen schließen, gemeinsam in die Stille gehen für eine oder zwei Minuten. Nach meiner Erfahrung können das auch sehr kleine Kinder. Je überzeugter Sie (und Ihr Partner) solch ein Ritual einführen, umso besser kann es landen. Jeder fängt an, die Ruhe zu genießen, die Familie sammelt sich innerlich, macht sich bewusst: Wir sind beisammen, wir atmen, wir sind dankbar für das Essen! Die Mutter oder der Vater beendet das Schweigen mit: „Guten Appetit!"

Eine weitere Möglichkeit: Hände reichen, jede/r sagt, worüber er sich – von allen Speisen, die am Tisch sind – am meisten freut. Dadurch schauen sich die Kinder die Speisen genauer an, bekommen Vorfreude, benennen, worauf sie sich freuen. Der Wert für das Gute wird bewusst gemacht. Dann wieder: „Guten Appetit!" wünschen.

Abendspruch:

Müde bin ich, geh' zur Ruh',
mache meine Augen zu.
Viele Wunder sind geschehen,
dankend kann ich schlafen gehen.
Ich hab' Vertrauen, denn in der Nacht,
das Licht dort oben mich bewacht.
Jetzt träum ich einen langen Traum,
von Eule, Stern und Apfelbaum.

A. K.

Ein einfacher Spruch, der die Kinder ruhig, dankbar und voll Vertrauen einschlafen lässt. Dieser kleine Abendvers, täglich mitsammen gesprochen, kann ein Gedicht werden, welches die Kinder vielleicht auch noch als erwachsen Gewordene in vertrauensvolle, ruhige Nächte trägt!

„WERKELIDEEN“ – BEDIENEN SIE SICH!

- Beim Spazierengehen kleine Dinge aus der Natur sammeln (Steinchen, Hölzchen, kleine Zweige, Moos, kleine Blüten, Nussschalen etc.) und zu Hause oder in der Natur kleine Feen- oder Zwergengärtchen bauen. Alte Teller oder andere Gefäße dafür verwenden und eventuell mit kleinen Figuren, selbst gemacht aus Ton oder schon bestehend aus Holz, oder kleinen Plastiktieren ergänzen.
- Den Kindern ein faustgroßes Stück Ton geben und sie in der Natur kleine Gestecke bauen lassen (Halme, trockene Blütenstände, Muscheln, Zweige, Hölzchen ...). Eignet sich auch schön als Geschenk oder Mitbringsel.
- Geschicklichkeitsspiel:
  Konservendosenrand hämmern, bis die scharfe Kante entschärft ist, ein Loch bohren und eine Schnur daran befestigen, an deren Ende eine Kastanie oder ein kleiner „Fetzenball“ montiert ist. Die Schnur soll 20 bis 30 Zentimeter lang sein. Das Kind versucht, die Kastanie oder den Ball in die Dose zu treffen.
- Zeichnen, malen:
  Eine Tätigkeit, die langsam aus den Kinderzimmern verschwindet. Leider! Die Kinder besitzen zwar Unmengen an verschiedenen Stiften jeglicher Art, aber selten nimmt sich jemand die Zeit, sie in das Wunder des Zeichnens einzuführen. Nehmen Sie sich doch eine Weile Zeit für diese Form der Zuwendung! Spitzen Sie gemeinsam die Stifte, holen Sie einen Bogen Papier und setzen Sie sich zu Ihrem Kind. Zeigen Sie ihm, was

man mit Farben und Stiften tun kann, experimentieren Sie gemeinsam! Manchmal wünschen sich Kinder, dass wir ihnen etwas vorzeichnen, manchmal zeigen sie uns stolz die Spuren ihrer Stifte am Papier. Schauen Sie Ihren Kindern beim Malen und Zeichnen zu und genießen Sie gemeinsam, was entsteht! Das stärkt die Kinder, so weiß ich aus der Therapie.

- Einfache Sternchen oder Engel aus Folie oder farbigem Papier schneiden.
- Bunte Christbaumketten aus Gold- oder Buntpapier: Den Buntpapierbogen mit den Kindern oder für die Kinder in schmale Streifen schneiden. Streifen zu einem Ring formen und verkleben. Die Papierstreifen durch den Ring ziehen und so die Streifen zu einer bunten oder goldenen Kette verarbeiten.
- Töpfern: Holen Sie sich vom Bastelgeschäft oder von einer Keramikwerkstatt einen Block Ton. Sie können, besonders an (samtgrauen) verregneten Nachmittagen, damit Wunder wirken. Kinder sind so gerne kreativ. Ton eignet sich besonders, weil er relativ billig und wiederverwendbar ist. Er ermöglicht plastisches Arbeiten und ist gut abwaschbar.

  Lassen Sie die Kinder zunächst experimentieren und selbst Ideen finden oder absichtslos „werkeln". Es muss nicht alles Tun zielgerichtet sein, manchmal wollen Kinder nur das Material fühlen und kneten und zerschneiden (kleines Holzmesser). Besonders Schulkinder oder ältere

Kindergartenkinder wollen schon gerne bestimmte Dinge formen: Kugeln, um daraus Perlen herzustellen (mit Schaschlikstäbchen durchbohren). Die Perlen können auch mit kleinen Mustern (Zahnstocher oder Prägehölzchen) verziert werden. Zwerge, Schneefrauen und Schneemänner, Bretzeln, Stollen, Semmeln, Wecken zum Bäckereispielen oder kleine Gefäße, wie Vasen, Schalen, Becher, Eierbecher für Ostergeschenke, kleine Statuen, Figuren.
Sie können den Ton lufttrocknen lassen (dann darf er nicht nass werden oder runterfallen) oder brennen lassen (Keramikwerkstatt).

- Eier bemalen:
  Früher gab es noch, auch im Kindergarten, die echten, zerbrechlichen Eier, mit denen man die Erfahrung machen durfte, dass sie eben leicht zerbrechen, wenn man zu unachtsam ist. Heute gibt es Plastikeier in allen Größen.
  Auch das finde ich schade! Ganz simpel: Eier ausblasen, auf Schaschlikstäbchen fädeln und am spitzen Ende einen Kork anbringen. So kann das Ei gut gehalten werden. Den Kindern Farben und Pinsel geben und sie malen lassen. Die fertigen Kunstwerke werden zum Trocknen in ein Stück Styropor gesteckt. Dafür wird der Kork entfernt. Die spitze Seite des Schaschlikstäbchens hält gut in der Styroporplatte.
- Papier falten: Gehen Sie zu älteren und alten Menschen und lassen Sie sich zeigen, wie man Hüte, Schiffchen, Flugzeuge und Kasperln aus einem Bogen Papier

falten kann. Sie werden staunen und es selber lernen! Die Kinder können die Papierdinge dann bemalen und damit spielen.

- Popcorntüten drehen: Ganz einfach aus Papier Tüten drehen und individuell mit Namen und Mustern bemalen. Im Anschluss daran gemeinsam Popcorn poppen lassen (das frische Popcorn in Tüten füllen und genießen. Nette Idee für Kinderfeste!).
- Zauberwolle filzen:
  Zauberwolle ist eingefärbte Schafwolle, die sehr vielseitig verwendbar ist (Bastelgeschäft)! Kindergartenkinder und Schulkinder können sogenannte „Nudelaugen" herstellen. Sie zupfen sich von einer Farbe etwas Filz heraus und drehen mit seifennassen (Kernseife) Händen Lage für Lage bunten, verschiedenfarbigen Filz zu einer Kugel. Viel Seife verwenden, es muss wirklich schäumen! Die Filzkugel wird von den Kindern so lange mit Wasser und Seife gedreht, gestreichelt, geglättet und bearbeitet, bis sie eine gute Festigkeit aufweist, d. h. schön dicht geworden ist. Vorsicht! Das macht viel Spaß, auch Erwachsene werden süchtig! Dann wird das Nudelauge gut abgeschwemmt und an einer Stelle leicht an-, aber nicht durchgeschnitten. Die bunten Filzlagen erscheinen in einem schönen Muster. Findige Waldviertlerinnen haben vor Jahren schon herausgefunden, dass Nudelaugen alle Schimpfwörter aufnehmen können. Man darf sie einfach in sie hineinsagen, -schreien oder -flüstern (falls es ganz schlimme sind). Nach einiger Zeit können Nudelaugen kein einziges

Schimpfwort mehr aufnehmen und man muss sie drei Tage auf einen Fahrradsattel legen oder einen Tag ins Tiefkühlfach, um sie wieder aufnahmebereit zu machen!

- Zauberwolle nadeln:
  Das würde ich, mit Begleitung, ab der Volksschule empfehlen, da die Filznadeln sehr spitz und scharf sind.
  Sie brauchen als Unterlage eine Styroporplatte. Darauf wird ein Stück Bastelfilz und ein Bild aus bunter Zauberwolle gelegt. Durch oftmaliges Einstechen mit der Filznadel wird die Zauberwolle mit dem Bastelfilz verwoben, ein buntes Bild entsteht. Auch wenn nur bunte Farbflecken gefilzt werden, sieht es schon schön aus! Gemeinsam kann man auch Märchenszenen oder Bilder zur entsprechenden Jahreszeit herstellen.
- Das Jahreszeitenfenster oder der Jahreszeitenplatz:
  Wählen Sie ein Fenster oder ein geschütztes Plätzchen in Ihrer Wohnung. Dieser kleine Platz kann durch Sie als Eltern oder durch Sie und Ihre Kinder als Jahreszeitenplatz einfach, aber stimmungsvoll gestaltet werden: Im Frühling ein Frühlingsbuch aufstellen oder ein Bild (kann auch ein Bild aus der Kunst sein). Ein erster Strauß mit Frühlingsblumen, ein Samensäckchen, eine Blumenzwiebel. Selbst gesäte Kresse. Ein Frühlingsgedicht oder ein Spruch. Im Sommer können Sie schöne Steine, Blüten, das erste selbst gemachte Gläschen Marmelade hinstellen, ein Bild Ihrer Kinder im Schwimmbad oder ein Bild eines Künstlers zum Thema. Ein geflochtenes Blumenkränzchen ...

Im Herbst können Kastanientiere dort stehen oder Sie legen eine lustig geformte Karotte aus dem Garten hin, einen Strauß Getreide oder ein mit den Kindern selbst gebackenes Getreideweckerl. Im Winter verfahren Sie ähnlich! Alles, was zur Jahreszeit passt, kann man dort hinstellen, aber Achtung – nicht überladen! Es soll ein Platz sein, der die Kinder für das Schöne öffnet und ihnen den „Wunder-vollen" Wechsel der Jahreszeiten auf stilvolle Weise näherbringt.

- Kleisterfarben:
  Stellen Sie Tapetenkleister selber her. Das Pulver bekommen Sie in jedem Baumarkt. Es wird mit Wasser gemischt; in unserem Fall soll es eine nicht zu wässrige und nicht zu dicke Paste werden. Dann mischen Sie Lebensmittelfarbe dazu und geben die jeweilige Farbe in ein Glas mit Schraubverschluss. Füllen Sie Gläser mit circa einem halben Liter. Die Klebefarben sind sehr gut haltbar. Sie können mit diesen Farben auf großen Packpapierbögen (dicke, breite Pinsel) oder auf kleinen Geschenkkärtchen (dünne Pinsel) malen. Die Kinder können in die nasse Farbe Sand, Glitzer, bunte Blätter, Sternchen etc. streuen. Das ergibt schöne Effekte. Man kann die großen Bögen aufhängen (auf einer Schnur und mit Kluppen befestigen) oder sie als Geschenkpapier verwenden und verschenken. Im Sommer bietet es sich an, die Malaktionen im Freien durchzuführen.
  Kinder sind Künstler!

- Kinder brauchen zum Werken kindgerechtes Werkzeug. Hammer, Säge, Schrauben, Nägel, Schraubenzieher, Zange, Drillbohrer und Hölzer in verschiedenen Größen. Muten Sie den Kindern zu, auf diese Weise Erfahrungen zu sammeln, zu lernen und kreativ zu sein. Mädchen und Buben sind dafür gleichermaßen begeisterbar!
- Murmelspiele:
  Sechs Murmeln in der Tasche genügen, um Kinder eine Zeit lang zum Mitspielen zu verführen. Geeignet für Zugfahrten, Autofahrten, Flugreisen, am Strand, im Wartezimmer, im Krankenhaus oder einfach für zu Hause:
  - Die goldene Murmel (oder eine andere besondere Murmel) wird hinter dem Rücken in einer Faust versteckt. Beide Fäuste nebeneinander dem mitspielenden Kind hinhalten. Es darf auf eine Faust klopfen. – Hat es richtig geraten?
  - Das Kind darf von den sechs Murmeln heimlich eine Farbe in der Faust verstecken. – Errät jemand die Farbe?
  - Das Kind darf aus dem Murmelsäckchen zwei Farben wählen und in den Fäusten verstecken. Jede Farbe zählt einen Punkt. Errät man alle zwei, bekommt man fünf Punkte!
  - Der Erwachsene hält das Murmelsäckchen offen zum Kind, das Kind darf, ohne hinzuschauen, eine Murmel herausnehmen. Es nennt dann in dieser

Farbe drei Obst- oder drei Gemüsesorten oder drei Dinge. Wer die goldene Murmel erwischt, darf eine kleine Geschichte erzählen oder ein Lied singen oder eine Minute auf einem Bein stehen!

Für folgende Spiele braucht man die Möglichkeit, auf einem Boden oder in der Natur zu spielen:

- In einem leeren Schuhkarton werden in unterschiedlichen Größen kleine Tore ausgeschnitten. Der Karton wird so aufgestellt, dass die Kinder in die Tore zielen können. Bei Schulkindern kann man auch Zahlen über die Tore malen, um Punkte sammeln zu können!
- Die goldene Murmel wird ein Stück vorgerollt. – Wer erreicht sie mit seiner Murmel am ehesten?
- In die Erde oder in den feuchten Sand wird eine kleine Gruppe gegraben. – Wer trifft rollend oder werfend?
- Wer kann ein neues Spiel mit sechs Murmeln erfinden?

Es gibt auch die Möglichkeit, sich ein Buch für Murmelspiele zu besorgen. Sie werden noch viele wunderschöne Anleitungen finden. Achtung: Unter 3 Jahren sollte man Kinder mit Murmeln, bzw. Kugeln, die kleiner als 35 mm sind, nur unter Aufsicht spielen lassen – Verschluckgefahr!

Anmerkungen und Literaturhinweise

Alle Verse und Gedichte die nicht mit vollem Namen gekennzeichnet sind, wurden von der Autorin verfasst.

1 Immer und überall in diesem Buch sind, wenn nicht ausdrücklich angegeben, beide Geschlechter gemeint.

2 Vgl. Guggenberger, B., „Zuvielisation: Beobachtungen zu einer postmodernen Wirklichkeit“, in: Ders/Janson, D./ Leser, J. (Hrsg.), „Postmoderne oder Das Ende des Suchens? Eine Zwischenbilanz“, Eggingen1992, 42-57.s

3 Vgl. Bauer, Joachim, „Selbststeuerung“: Die Fähigkeit, sich dem sinnlosen Konsum und den ständigen Reizen zu verweigern und sich stattdessen bewusst zu beschränken, auch Verzicht ertragen zu können, kann zu einem Zugewinn von Freiheit und Selbststeuerungsfähigkeit führen, sie kann unsere Handlungsoptionen erweitern und uns größere, lohnenswertere Ziele erreichen lassen.

4 Vgl. Spitzer, Manfred, „Digitale Demenz“: Zu einer Dokumentation über das Thema Baby-Fernsehen konnte man bei *Spiegel ONLINE* am 14.02.2011 Folgendes lesen: „Die Fernsehwirtschaft hat seit einigen Jahren eine neue Zielgruppe erschlossen: Menschen zwischen vier und 24 Monaten. Das sogenannte Baby-Fernsehen ist inzwi-

schen zu einer 500 Millionen Dollar schweren Industrie gewachsen. Lag in den siebziger Jahren das Einstiegsalter für regelmäßigen Fernsehkonsum noch bei vier Jahren, so liegt es nun bei vier Monaten."

5 Vgl. Spitzer, Manfred, „Digitale Demenz": Viele Eltern halten Computerspiele für einen Teil der Jugendkultur und stellen ihren Kindern daher aus Angst vor sozialer Ausgrenzung die entsprechende Hard- und Software zur Verfügung. Es ist schon eigenartig: Zu Weihnachten, dem Fest der Liebe, verschenken Millionen von Eltern Killerspiele, um die sozialen Fähigkeiten ihrer Kinder zu fördern und der möglichen Vereinsamung entgegenzuwirken. Das Mindeste zum Weihnachtsfest ist heute für einen männlichen Grundschüler eine Spielkonsole oder ein iPod touch. „Weil er sonst die Kontakte zu Gleichaltrigen und Freunden verliert und ein Außenseiter werden könnte", wird dies landauf, landab von den Eltern, die das eigentlich nicht wollen, frustriert kommentiert. *Ist das wirklich so? Eindeutig und definitiv: Nein!* Dies geht aus einer Studie hervor, , die der Frage nachging: *In welcher Weise verändert die zunehmende Nutzung von Bildschirmmedien die Qualität der Beziehungen zu Familien und Freunden?* (Richards et al.2010). Schon lange wurde anhand von vorliegenden Daten vermutet, dass Bildschirmmedien die Entfremdung zwischen Eltern und Kindern vorantreiben sowie soziale Fähigkeiten und Beziehungen beeinträchtigen.

6 Vgl. Spitzer, Manfred, „Digitale Demenz“: Digitale Medien – Computer, Smartphones, Spielkonsolen und nicht zuletzt das Fernsehen – verändern unser Leben. In den USA verbringen Jugendliche mittlerweile mehr Zeit mit digitalen Medien – gut siebeneinhalb Stunden täglich – als mit Schlafen, wie eine repräsentative Studie mit mehr als zweitausend Kindern und Jugendlichen im Alter von acht bis achtzehn Jahren ergab.

7 Vgl. Bauer, Joachim, „Prinzip Menschlichkeit“.

8 Vgl. De Saint-Exupéry, Antoine, „Der kleine Prinz“, der Fuchs, die Rose:
»Lebe wohl«, sagte er …
»Lebe wohl«, sagte der Fuchs. »Hier ist mein Geheimnis. Es ist sehr einfach: Man sieht nur mit dem Herzen gut. Das Wesentliche ist für die Augen unsichtbar.«
»Das Wesentliche ist für die Augen unsichtbar«, wiederholte der kleine Prinz, um es sich einzuprägen.
»Die Zeit, die du für deine Rose gegeben hast, sie macht deine Rose so wichtig.«
»Die Zeit, die ich für meine Rose gegeben habe«, sagte der kleine Prinz, um es sich einzuprägen.
»Die Menschen haben diese Wahrheit vergessen«, sagte der Fuchs. »Aber du darfst sie nicht vergessen. Du bist für das verantwortlich, was du dir vertraut gemacht hast. Du bist für deine Rose verantwortlich.«

»Ich bin für meine Rose verantwortlich«, wiederholte der kleine Prinz, um sich auch dies einzuprägen.

9 Vgl. Frankl, Viktor, „Der Wille zum Sinn".

10 Vgl. Dalai Lama, „Der Appell des Dalai Lama an die Welt: Ethik ist wichtiger als Religion", Herausgeber Franz Alt, erste Auflage 2015, Benevento Publishing.

11 Vgl. Hadinger, Boglarka, „Mut zum Leben machen".
Die fünf Stützen des gesunden Selbstwertgefühls sind:
– positive Beziehungen
– Kompetenz
– Orientierung (Ziele und Werte)
– ein guter Mensch zu sein
– Lebensfreude, Lebenslust

12 Vgl. Koller, Gerald, www.risflecting.at/ Studie.

13 Vgl. Schnell, Tatjana, Sinnforschung, Universität Innsbruck, Dimensionen von Lebenssinn.
Die fünf Dimensionen von Lebenssinn sind:
– vertikale Transzendenz
– horizontale Transzendenz
– Selbstverwirklichung
– Wir- und Wohlgefühl
– Ordnung

[14] Vgl. Frankl, Viktor, „Logotherapy in a nutshell", in: „Man's Search for Meaning".
„Das Leben selbst ist es, das dem Menschen Fragen stellt. Er hat nicht zu fragen, er ist vielmehr der vom Leben her Befragte, der dem Leben zu antworten – das Leben zu ver-antworten hat." (Viktor E. Frankl) Ärztliche Seelsorge, Grundlagen der Logotherapie und Existenzanalyse, II.A.1. Vom Sinn des Lebens, Der Aufgabencharakter des Lebens)

[15] Vgl. Bartl, G. (1990 Begründung des Wirkfaktorenmodells): Wärme, Rhythmus, Konstanz.

[16] Vgl. Schechner, Johanna und Heidemarie Zürner, „Krisen bewältigen".

[17] Vgl. Juul, Jesper, „Nein aus Liebe".

[18] Vgl. Bauer, Joachim, „Selbststeuerung".
„Umso größer ist die Herausforderung, jungen Leuten zu helfen, die fantastischen medialen Möglichkeiten und Angebote in einer von ihnen selbst gesteuerten Art und Weise zu nutzen. Dies gelingt uns offensichtlich noch viel zu wenig:. Nach harten Kriterien internetsüchtig sind 4 Prozent der 14- bis 16-Jährigen." (PINTA-Studie im Auftrag des Bundesgesundheitsministeriums, zitiert nach *Die Welt,* 25.03.2014) In der Atersstufe zwischen 14 und 24 Jahren beläuft sich die Zahl der Internet- oder Compu-

terspielabhängigen auf 250000, 1,4 Millionen zeigen einen sogenannten problematischen Gebrauch (Spitzer 2012).

[19] Vgl. Hadinger, Boglarka, „Mut zum Leben machen".

[20] Vgl. Hüther, Gerald, „Die Macht der inneren Bilder: Wie Visionen das Gehirn, den Menschen und die Welt verändern", Vandenhoeck und Ruprecht 2008, 2004.

[21] Vgl. Donaldson, O. Fred, „Von Herzen spielen".

DANK
Meinen lieben Eltern, für eine Kindheit, die nachglüht und mich bis heute trägt.
Innigster Dank meinen Schwestern Heidemarie Zürner und Johanna Schechner, die mich fachlich inspirierten und bewegten, die da waren, wann immer ich pädagogischen oder therapeutischen Austausch suchte, die nicht müde wurden, bis zur letzten Korrektur!
Dank meiner Tochter Rahel Kislinger, die mir oft Mut machte, wenn ich zögerte, an meinen Sohn David Ubuk Kislinger, der mich sorgsam in allen künstlerischen Belangen beriet, meiner Tochter Sarah Kiennast, meinem Schwiegersohn Alexander Kiennast, die gemeinsam mit Birgit Kiennast geduldig halfen, erste Entwürfe zu ordnen und in angemessene Form zu bringen.
Danken möchte ich abschließend Elisabeth Schechner für ihre künstlerisch hochwertigen Illustrationen, die mein Buch bereichern.